UNDERSTANDING OF **SCHOOL INTERNSHIP**

학교현장실습의 이해

오성숙 저

양 성 원

3-1 형제대장간의 대장

형제대장간 대장장이 류상준

형 류상준

1953년(1세) 서대문구 남가좌동에서 출생
1965년(13세) 은평구 수색동 모래내대장간 취업
1971년(19세) 소 편자장이었던 아버지 작고
1972년(20세) 성북구 장위동 대장간 이직
1976년(24세) 강동구 암사동 대장간 인수
1980년(28세) 동대문구 휘경동 대장간 취업, 모래내 대장간 이직
1996년(44세) 은평구 수색동 형제대장간 창업
2015년(53세) 한국전통문화대학교 전통문화교육원 출강

형제대장간은 류상준, 류상남 형제가 운영하는 대장간이다. 형 류상준이 대장간을 운영하던 도중에 동생 류상남이 합류해 대장간을 꾸려가고 있다. 형제대장간의 창업자인 류상준은 1953년에 서대문구 남가좌동 104번지에서 8남매 중 넷째로 태어났다.

류상준의 아버지는 소 편자장[05]이었다. 당시 소 한 마리에 편자를 달아주면 쌀 한 말을 받았는데, 손이 빠르고 솜씨 좋은 아버지는 하루 20마리, 하루에 쌀 두 가마를 너끈히 벌어들이곤 하였다. 나중에 알게 된 일이었지만, 아버지는 일본인 소 상인에게서 선수금으로 600원을 받아 그중 300원으로 집을 사고, 나머지 300원으로 결혼을 했다고 한다. 덕분에 집안 형편은 항상 넉넉했고, 8남매였지만 보리밥을 모르고 살았다. 씀씀이가 좋은 아버지는 주변의 인심도 많이 얻었고, 심지어 동네 깡패들조차 경찰은 무서워하지 않아도 아버지 앞에서는 고개를 숙였다. 그런 아버지는 형제에게 우상이었다. 생활의 여유가 있었던 탓인지 아버지는 자식들 교육에는 그다지 관심이 없었다. 그나마 맏이와 막내에게 조금 신경을 쓸 정도였다. 넷째, 다섯째인 류상준·류상남 형제에게 그런 분위기는 자연스러웠다. 놀기 좋아하는 형제는 모래내로 수색으로 휩쓸고 다니기에 바빴다.

공부에 취미가 없던 류상준은 초등학교 졸업 후 이웃집이었던 모래내대장간에서 일을 시작하였다. 그는 모래내대장간에서 각종 심부름과 소일거리를 담당하였다. 주로 풀무질과 칼 가는 업무를 했는데, 칼 가는 일은 당시 연마기가 없어 줄을 이용하였다. 쇠의 거친 표면은 숫돌로 갈리지 않기 때문에 선배들이 줄로 쇠의 표면을 잘라내면 숫돌에 갈아 날을 세웠다. 류상준은 퇴근 후에 자루로 쓸 원목을 손에 맞는 모양으로 자르고 다듬어 다음날 대장간에 가지고 갔다. 때때로 선배들이 없을 때면 호미, 낫, 쇠스랑을 손바닥만 한 크기로 축소해 만들어 보고 원리를 체득하였다. 숙식을 집에서 해결하는 관계로 모래내대장간에서 일하며 일급으로 800원을 받았다. 당시 호미 한 자루의 가격은 50원이었다.

류상준, 류상남의 부모님

✦ 아버지가 스물 몇 살부터 마포에 소 편자와 대갈[06]을 배워서 편자장이 되셨다고 해요. 제가 13살 때 초등학교를 졸업하고 나서 공부가 너무 안 맞았어요. 그래서 아버지께 대장간에 다닌다고 말씀드렸어요. 처음에는 반대하셨는데 아버지

05 소 발굽에 대어 붙이는 'U' 자 모양의 쇳조각을 만드는 사람을 일컫는다.

06 편자를 박을 때 쓰는 징이다.

께서 기술을 배우면 나중에 굶지는 않는다며 허락해 주셨어요. 그래서 집 옆에 있었던 모래내대장간에 들어갔어요.
처음 대장간에 가면 풀무질을 배워요. 그다음에 칼 가는 걸 배우는데 그라인더(연마기)가 없으니까 줄로 한 번 갈고 숫돌로 갈았어요. 칼 갈 때는 선배들이 먼저 줄로 쇠 껍데기를 벗기면 숫돌에 갈았어요. 칼자루는 엄청나게 큰 원목을 사람 둘이 마주 보고 톱질을 해요. 그렇게 12㎝ 정도 굵기로 잘라요. 잘라진 원목을 칼로 대고 '딱딱' 때리면 사각으로 나와요. 그걸 가지고 대충 작업장에서 칼자루 모양으로 깎고 갈아서 집에 가지고 가요. 대장간이 밤에는 어두워서 작업을 못하니까 집에 가서 다음 날까지 자루를 잘 다듬어 와요.
일이 다 끝나고 나면 선배님이랑 선생님 없을 때 혼자서 계속 만들어 가며 연습했어요. 실력이 없을 때는 작게 호미, 낫, 쇠스랑 같은 걸 만들면서 연습했어요. 그리고 선배들은 일하는 걸 몇 년을 보면서 구부리고, 때리는 원리를 체득했어요. 선배들 전체적인 원리만 설명해 주지 작업할 때 옆에서 어딜 때려야 하는지 세세한 것은 안 알려줬어요. 스스로 느껴가며 기술을 체득했어요.
류상준(남, 1953년생), 2021. 3. 16. 조사.

모래내대장간과 장위동 대장간

류상준의 스승이었던 모래내대장간의 대장장이는 기술이 뛰어났다. 멀리서도 호미나 낫을 벼리기 위해 우마차 가득 철물을 실어 올 정도였다. 특히 칼을 만드는 실력이 일품이었다. 1950~1960년대 아메리칸드림 열풍이 일었을 때 미국으로 이민을 가는 사람들이 칼을 사러 많이 찾아왔다.
류상준은 모래내대장간에서 일하는 동안 동료랑 다툼이 있어 대장간에서 나와 아버지 밑에서 소 편자 박는 일을 잠시 배우기도 하였다. 하지만 결국 모래내대장간으로 다시 돌아가 대장장이가 되기 위한 기술을 모두 배웠다. 풀무잡이를 하면서 차츰 메질을 배우기 시작하여 5년 차인 18세에 모래내대장간의 전담 메질꾼이 되었다.

모래내대장간

모래내대장간 내부

✦ 우리 선생님 기술이 엄청 좋아요. 그래서 아주 멀리서도 찾아오고 그랬거든요. 옛날에 소 마차에 연장을 실어 와서 연장 고쳐가고 그랬어요. 옛날에는 전부 다 그냥 호미나 뭐 낫이나 이런 거 고장 나면 다 벼리러 왔어요. 고치는 거 보고 벼리러 온다는 건데 다 벼려주고 그랬어요.

류상준(남, 1953년생), 2021. 4. 19. 조사.

✦ 모래내대장간 대장님은 실력이 좋았어요. 칼을 워낙 잘 만들어서 1950~1960년대 미국 가는 사람들이 칼을 많이 사갔어요. 우리가 극한직업 촬영할 때 어떤 사람이 시어머니가 쓰던 칼이라고 방송국 사람들이 칼을 가져왔는데 우리 형이 모래내대장간에서 일할 때 만든 칼이었어요.

류상남(남, 1956년생), 2021. 5. 12. 조사.

✦ 모래내대장간에 못 나가는 동안 편자장이었던 아버지 밑에서 소 편자를 만드는 일을 시작했어요. 당시 어리지만 대장간에서 망치도 잡아 보고 어릴 때부터 아버지가 하던 걸 봐와서인지 편자를 만들 수 있었어요. 아버지 밑에서 편자 만드는 일을 하다 보니 모래내대장간에서 싸운 메질꾼이 군대에 가게 되면서 다시 모래내대장간으로 돌아왔어요. 당시 중학생이었지만 메질을 차츰차츰 배우기 시작했고 제가 5년 차 정도 되었던 18살쯤에 전담 메질꾼으로 일했어요.

류상준(남, 1953년생), 2021. 3. 16. 조사.

류상준이 모래내대장간에서 일하던 1971년에 아버지가 돌아가셨다. 류상준은 가족들의 생계를 책임지기 위해 대장간에서 일을 배우는 한편 틈틈이 소 편자를 박아 생활비를 벌었다. 그러던 중 성북구 장위동에 있는 대장간으로 이직하였다. 장위동 대장간은 소 편자와 대갈을 주로 생산하는 곳으로 형제가 운영하는 곳이었다. 대장간 옆에 딸린 방이 하나 있어 대장간 직원 3~4명이 그곳에서 숙식을 해결하였다. 일당으로 만 오천 원을 받았다.

장위동 대장간에서는 소 편자와 대갈을 만드는 것 외에도 출장으로 소 편자를 박아 주기도 하였다. 가깝게는 동대문구 제기동에서 멀리는 경기도 구리시 교문리까지도 출장을 나갔다. 서울의 소는 대개 수소로 시골의 소와 달리 발에 짚신을 신기지 않고 쇠 발굽을 박았다. 도시의 소들은 주로 마차와 같은 운송 수단으로 쓰였기 때문에 짚신으로 신을 만들면 금방 닳게 되어 쇠 발굽을 박은 것이다.

소 편자(조선시대) | 출처: 국립중앙박물관

✦ 장위동 대장간은 주로 소 편자하고 대갈만 만드는 데예요. 구조는 지금 대장간처럼 생겼는데 기계는 없었고 오로지 손으로 했어요. 직원은 거기 사장, 동생이 있었어요. 직원이라는 게 딱히 정해져 있지 않아서 자기가 필요해서 "와서 일 좀 해라 얼마 준다" 이러면 일하고, 직원이 일하다가 대장간이 마음에 안 들면 나가서 또 딴 데 가고 그랬어요. 급여는 만 오 천원 받았어요. 출근은 대장간 옆에 골방이 하나 있었어요. 그때만 해도 잘 씻지 않으니까 피부병이 나서 고생했던 기억도 있어요. 이렇게 한 방에서 3~4명 자고 사장은 결혼해서 자기 집에서 잤어요.

류상준(남, 1953년생), 2021. 4. 19. 조사.

소의 편자 박기(일제강점기) | 출처: 수원광교박물관

✦ 대갈을 옛날에 망치로 때렸다가 뽑아서 잘라서 머리를 만들었는데 장위동은 메질로 만들더라고요. 그래서 '뚝' 자르면 내가 머리를 만들었어요. 지금으로 이야기하면 '가다'라 그러는데 여기에 쇠를 넣고 망치로 때리면 뾰족해지는 원리예요. 장위동에서 일할 때 제기동으로 소 편자 박으러 다녔어요. 당시 제기동에 원목을 실어 나르는 소가 엄청 많았는데 편자를 한 번 박으면 일주일을 못 갔어요. 시골은 소를 짚으로 많이 신겼는데 서울은 옛날에도 편자를 박았어요. 그래서 작업용 상자에 연장, 소 묶을 때 쓰는 쇠사슬을 챙겨서 제기동, 교문리에서 소 편자를 박으러 다녔어요. 서울의 소들은 일을 하는 소들이다 보니 수소들이 많았어요.

류상준(남, 1953년생), 2021. 3. 16. 조사.

암사동 대장간, 휘경동 대장간

장위동 대장간에서 잠시 일한 류상준은 다시 모래내대장간으로 돌아왔다. 모래내대장간에서 일하는 동안 동료의 추천으로 강동구 암사동에 있는 대장간을 인수하게 되었다. 암사동 대장간 운영 초기에는 직장에 다니지 않는 형제들이 대장간에 간간이 나와 일을 도왔다. 이후 형제들이 차츰 취업을 하면서 어쩔 수 없이 어머니와 대장간을 운영하였다. 하지만 연로한 어머니를 고생시킨다는 소문 때문에 대장간을 접을 수밖에 없었다. 암사동 대장간을 접은 류상준은 동대문구 휘경동에 있는 대장간에 다시 기술자로 취업하였다.

한편 모래내대장간의 대장장이는 류상준이 떠난 뒤 쓰러졌다. 이후 몸이 불편해 대장간을 할 수 없어 중구 신당동에서 대장간을 하던 사람에게 대장간을 팔았다. 당시 모래내대장간의 사장과 류상준이 일하는 휘경동 대장간의 사장은 친구 사이였다. 새로 모래내대장간을 인수한 사장은 모래내대장간의 작업과 주변 지리에 익숙한 류상준을 데려오기 위해서 휘경동 대장간 사장에게 기술자를 서로 맞바꾸자고 제안하였다. 그 제안이 성사되면서 류상준이 다시 모래내대장간에서 일하게 되었다.

✦ 옛날에 형은 제가 20살 때쯤 결혼하기 전부터 암사동에서 대장간을 했어요. 처음에는 형제들이 돌아가면서 대장간을 같이 했는데 다 취직하게 되니까 형이 혼자서 대장간을 운영했어요. 형은 대장간 운영하는 동안 옆에 방에서 어머니와 살았어요. 형제들이 취직해서 나가면서 대장간에 일할 사람이 없으니까 형이 어머니와 대장간을 운영했어요. 근데 어머니를 메질시키니 노인네 일 시킨다고 주변에서 욕 하니까 암사동 대장간을 접었어요.

류상남(남, 1956년생), 2021. 5. 12. 조사.

✦ 암사동 대장간에서 한 4~5년 기계도 없이 손으로 하는데 일할 사람이 없으니까 그만두고 다른 대장간으로 취업했어요. 휘경동에 있는 대장간인데 그곳에 몇 개월 있었어요. 당시 모래내대장간을 우리 스승님께서 하셨는데 우리 친구한테 넘겨줬어요. 그 친구는 대장간 기술이 없어서 외지 사람한테 다시 모래내대장간을 넘겼어요. 이 외지 사람이 제가 일하고 있는 휘경동 대장간 사장이랑 친구여서 제가 모래내대장간 연장이나 지리를 더 잘 알기 때문에 모래내대장간에 있는 기술자와 저를 바꿨어요. 그 이후 계속 모래내대장간에 있다가 아이엠에프(1997년 외환위기) 터지기 전에 수색으로 왔어요.

류상준(남, 1953년생), 2021. 4. 19. 조사.

형제대장간 창업

모래내대장간에서 기술자로 일하던 류상준은 누나의 권유로 창업을 결심하였다. 류상준의 형제들이 창업 자금으로 3200만 원을 함께 모아준 덕분이었다. 그렇게 1996년에 지금의 수색역 앞에 형제대장간이 문을 열었다. 형제가 많고, 형제들의 우애로 시작한 대장간이었기에 상호를 '형제대장간'이라 지었다. 형제대장간이 자리 잡은 수색동은 형제에게 의미가 깊은 곳이다. 어린 시절

살았던 모래내(남가좌동) 인근인 데다가 두 형제가 모두 수색초등학교를 졸업했기 때문이었다. 익숙하고 편한 동네에 위치한 대장간 자리는 카센터와 연탄공장이 있던 곳이었다. 수색역 바로 옆에 있어 소음 걱정을 하지 않아도 되어 대장간 자리로 안성맞춤이었다.

✦ 기술자로 일하면서 언제까지 남의 돈을 벌어 줄 수 없으니까 누나가 형한테 가게를 차리라고 했어요. 그때 누나랑 동생이랑 형이 주변에서 돈을 빌려서 1995~1996년도에 3200만 원으로 지금의 대장간을 차렸어요. 처음에 형제대장간이라 한 것은 우리가 형제가 많으니까 "형제대장간으로 하자"해서 형제대장간이 되었어요.

류상남(남, 1956년생), 2021. 5. 12. 조사.

✦ 대장간이 이곳에 자리 잡은 것은 집은 모래내고 여기 수색초등학교를 나와서 우리의 근거가 수색이에요. 지리도 익숙하고 하니 여기에 차렸죠. 원래 여기는 카센터 자리고 옆에는 연탄공장이고 해서 주변에 집도 없었고, 가게도 허름하니 싸고 그래서 여기에 대장간을 차렸죠. 물론 장사하기 좋은 곳에 있으면 좋지만, 소음 때문에 기계를 쓰기도 불편해서 어쩔 수 없어요.

류상남(남, 1956년생), 2021. 2. 19. 조사.

형제대장간 전경

3-2 형제대장간의 살림꾼

형제대장간 류상남

동생 류상남

1956년(1세) 서대문구 남가좌동 출생

2001년(46세) 강북구 미아동 방천시장에서 장사하던 중 가스폭발 사고를 겪음

2002년(47세) 형제대장간 참여

류상남은 대장간 일을 하기 전에 공장에서 일하기도 하고, 장사를 해보기도 하였다. 결혼을 하고 빚 보증으로 생계가 어려워져서 잠시 형제대장간을 창업한 형을 도왔다. 하지만 1997년 외환위기로 경제가 어려워지는 바람에 당초 계획보다 긴 2000년까지 형제대장간에서 일하였다.

원래 장사 수완이 있던 류상남은 2001년부터 미아리 방천시장에서 핫바 장사를 시작하였다. 핫바 장사는 성공적이었다. 하지만 장사를 시작한 지 4개월 정도 되었을 때 맞은편 건물에서 가스폭발 사고[07]가 일어나 크게 다치면서 장사를 접었다. 사고로 부상을 당해 몸이 불편해진 류상남은 일을 시작하지 못하고 있었다. 그런 동생이 안타까웠던 류상준은 동생에게 대장간에서 판매를 담당해 줄 것을 권하였다. 기술자인 류상준은 판매에는 관심이 전혀 없을뿐더러 일손이 모자라던 참이었이다. 그렇게 2002년에 드디어 형제가 함께 하는 형제대장간이 시작되었다.

✦ 저는 공장에서 일하다가 결혼하면서 장사했어요. 이때 보증을 잘못 서서 망하고, 아이엠에프(1997년 외환위기) 1년 전 쯤에 대장간에 들어와서 잠깐 일했어요. 그때 3년 정도 대장간 하다가 방천시장 앞에서 4개월 동안 핫바 장사를 했어요. 한달 동안 먹고 써도 당시 1500만 원을 벌었어요. 그런데 앞에 있던 2층 건물에서 가스폭발이 나는 바람에 6개월 동안 병원에 입원했어요. 퇴원하고 일도 못하니까 형이 나와서 물건이나 팔라고 대장간에 나오게 되었어요. 그러고 나서 대장간에 있는 동안 나이도 오십이 넘고 애들도 커 가니까 불안해서 여기에 자리 잡게 되었어요.

류상남(남, 1956년생), 2021. 5. 12. 조사.

류상남은 대장간 일을 전문적으로 배워 본 적은 없지만 어린 시절 이웃에 모래내대장간이 있었고, 아버지가 편자장이었던 까닭에 대장간 일이 낯설지 않았다. 또 류상준이 암사동에서 대장간을 운영할 때 형을 도와 대장간에서 일을 해본 경험도 있었다. 하지만 가스폭발 사고로 큰 부상을 당한 류상남은 몸을 온전히 움직일 수 없었다. 대장간에 출근하고 한동안 류상남은 사고 후유증

07 2001년 4월 8일 오후 2시10분께 서울 강북구 미아4동 49의 23 방천시장 내 주상복합건물에서 가정용 LPG 폭발로 추정되는 사고가 발생해 건물이 붕괴되고, 인근에 있던 사람들이 여럿 다쳤다. (연합뉴스, 「가스폭발 건물붕괴..24명 중경상」, 2001년 4월 8일자.)

으로 팔을 어깨 위로 들 수 없었다. 불편한 몸이었지만 대장간이 바쁠 때는 옆에서 판매만 할 수는 없는 노릇이었다. 후유증으로 힘들었지만 조금씩 일손을 거들었던 것이 일종의 재활치료를 한 셈이 되어 점차 몸을 정상적으로 움직일 수 있게 되었다. 그리고 이제는 판매뿐 아니라 웬만한 대장간 일을 전부 해낼 수 있는 든든한 형제대장간의 살림꾼이 되었다.

✦ 처음에는 저도 몸이 불편하니까 보조하는 정도만 했고 메질은 어릴 때부터 아버지나 모래내대장간을 봐오며 커서 눈에 익숙했어요. 퇴원한 뒤에 병원에 나와서 대장간에서 일하는데 당시 팔이 성치 않아서 몸이 많이 불편했어요. 형은 장사

손님을 응대하는 류상남

만 하라고 했는데 일이 바쁘니까 그게 쉽지 않잖아요. 그래서 일하다가 나도 모르게 팔이 확 올라오면 아파서 쩔쩔매는데 그게 재활이 된 것 같아요. 대장간 일을 하는 동안 팔을 전부 올리지 못했는데 점점 올릴 수 있게 되더라고요. 10년 전까지는 겨울이 되면 팔이 아프고 그랬는데 이제는 오래되니 괜찮아졌어요. 형이 학교(한국전통문화대학교 강의)에 나가기 전에는 그냥 앉아서 물건만 팔았어요. 근데 형이 학교에 나가면서 가게가 비니까 손님이 해달라는 데로 그냥 해봤어요. 물론 형이 만든 것만큼 예쁘게 안 나오지만 그래도 팔았어요.

류상남(남, 1956년생), 2021. 5. 12. 조사.

구입한 자루를
확인하는 류상남

3-3 형제대장간의 미래 문하생

형제대장간 박한준과 이동현의 작업 모습

형제대장간의 수련생

박한준
- 1986년(1세) 서울 출생
- 2005년(20세) 중앙대학교 컴퓨터공학과 입학
- 2014년(29세) 경기도 고양시 화전동 소재 대장간 취업
- 2015년(30세) 형제대장간 이직
- 2019년(34세) 형제대장간 정규 직원 채용

이동현
- 2017년(19세) 대장장이의 꿈을 키움
- 2021년(23세) 군 제대 후 형제대장간 출근

형제대장간에는 직원으로 박한준과 이동현이 있다. 이들은 단순히 직원이라기 보단 형제대장간에서 수련하고 있는 문하생이라 보는 것이 적절하다. 이들이 대장간에 들어오기 전에는 류상준의 친지나 인력사무소에서 구한 일용직 근로자가 대장간에서 일손을 보탰다.

다양한 사람들이 형제대장간을 오갔지만 형제대장간에서 인정을 받은 사람은 박한준이 유일하다. 박한준은 2015년에 형제대장간에서 일을 시작해 2019년부터 명실 공히 4대 보험을 적용한 1호 정규 직원이 되었다.

박한준은 1986년생으로 경기도 남양주시가 본가다. 학창시절에 공부를 잘해 서울에 있는 4년제 대학에서 컴퓨터공학을 전공하였다. 대학을 졸업한 이후 전공을 살려 프로그래머로 진로를 계획했지만, 같은 자리에 앉아 매일 같이 밤을 새는 일이 적성에 맞지 않았다. 그래서 공무원 시험을 준비하던 중 우연한 기회에 라디오 강의를 듣고 대장간 일에 대해 관심을 갖게 되었다. 인터넷으로 알아본 대장간은 실생활에서 직접 쓰는 물건을 만든다는 점이 매력적으로 다가왔다. 그렇게 대장간 일을 배우고 싶다는 생각에 무작정 대장간을 찾아 다녔다.

막상 대장간을 찾아다녀보니 대부분의 대장간이 영세해 직원을 구하지 않았다. 인터넷 구직 사이트 같은 곳에서 직원을 구하는 곳이 아니어서 직접 발품을 팔아 찾아다니는 수밖에 없었다. 당시 형제대장간에서도 일하고 싶었지만 이미 직원이 있어 갈 수 없었다. 수소문 끝에 찾은 곳이 경기도 고양시 화전동에 위치한 대장간이었다. 그곳은 칼을 전문적으로 만드는 단조명장이 운영하고 있었다. 애초 대장장이가 되기로 결심한 이유와 같이 실생활에서 가장 많이 쓰는 칼을 만들고자 2014년에 화전동 대장간에 취직하였다.

✦ 중앙대에서 컴퓨터 관련 학과를 전공했어요. 프로그래머 쪽의 일을 해야 했는데 맨날 밤새야 하고 진로를 떠나서 재미가 없었어요. 적성에 안 맞는다는 걸 알면서도 계속 버티다가 공무원 시험을 준비했어요. 그러다 라디오로 강의를 듣는데 문득 공무원 준비가 하기 싫다는 생각이 들어 컴퓨터를 켜서 대장간을 알아 봤어요.

처음에 대장간을 찾을 때 대장간들이 영세해서 직원을 구하는 곳도 별로 없었고, 알바몬 같이 뽑는 구조가 아니라서 무작정 찾았어요. 형제대장간도 후보에 있었는데 그때는 키 큰 친구가 있어서 화전동 대장간으로 가게 된 거예요. 거기로 가게 된 것은 제가 실생활에서 쓰이는 물건을 만들고 싶다는 생각에 시작하게 되었어요.

박한준(남, 1986년생), 2021. 4. 19. 조사.

하지만 직접 경험해보니 화전동 대장간은 생각보다 영세하고, 단조만으로 칼을 생산하는 곳이 아니었다. 그래서 화전동 대장간의 소개로 1년 만에 형제대장간으로 이직하였다. 박한준은 형제대장간이라면 대장간 일을 처음부터 끝까지 온전히 배울 수 있으리라 생각하였다. 그렇게 30세가 되던 2015년에 형제대장간에 들어와 현재까지 6년 동안 대장장이가 되기 위한 여러 기술을 익히고 있다.

형제대장간 박한준

✦ 단조 명장이라 그래서 단조를 하겠지 해서 찾아갔죠. 찾아가서 배우고 싶다 하니까 일하는 사람들이 나이가 들어서 이제 단조를 못한다고 하더라고요. 그래서 제가 가서 젊은 사람이 있으면 하지 않을까 하고 간 거죠. 근데 안 하더라고요. 제가 배우고 싶었던 칼 제작이나 단조 기술을 배울 수 없겠다라는 생각에 좀 더 칼 가는 걸 제대로 배우고 대장간 일을 배우자 해서 일을 계속하긴 했어요. 화전동 대장간에서 1년 정도 일하고 나와야 하는 상황이었는데 단조 명장님의 아드님께서 저를 좀 예쁘게 보셔서 형제대장간을 소개시켜 주셨고, 여기서 일하게 되었어요.

박한준(남, 1986년생), 2021. 4. 19. 조사.

박한준은 형제대장간에서 본격적으로 일을 시작하는 데까지 수개월이 걸렸다. 3개월간 그가 대장간에서 한 일은 류상준 형제의 작업 모습을 곁에서 지켜보는 것이 전부였다. 본가인 경기도 남양주 집에서 대장간이 있는 수색까지는 왕복 5시간이 걸렸다. 매일 새벽 5시에 일어나서 밤 늦게 귀가하는 원거리 출퇴근은 고역이었지만 그는 3개월 동안 묵묵히 대장간에서 자리를 지켰다. 그렇게 4개월이 지나고서야 차비를 받아가며 대장간 일을 기초부터 참여할 수 있었다. 박한준이 형제대장간에서 처음 일을 시작했을 때 환영받는 처지는 아니었다. 이미 먼저 배우고 있는 제자가 있었고, 고학력에 나이도 있어 얼마 버티지 못할 거란 인식이 있었기 때문이었다. 하지만 대장이 시키지 않아도 사소한 업무부터 솔선수범하며 적극적으로 대장간 일에 임하면서 가장 인정받는 제자가 되었다.

현재 박한준은 형제대장간에 딸린 숙소에서 생활하며 24시간을 대장간에서 보내고 있다. 류상준 형제는 이런 박한준을 후계자로 생각하며 신뢰하고 있다. 이러한 기대 속에 박한준은 오늘도 스승님들의 몸짓을 따라하는 것에서 더 나아가 배운 기술을 자신의 것으로 체득하기 위해 노력하고 있다.

✦ 대장간에 처음 왔을 때는 그냥 서 있었어요. 이때가 제일 힘들었어요. 게다가 대장간에 오 갈 때 5시간이 걸리는

데, 아침 일찍 출근해서 저녁 늦게 퇴근하니까 아무것도 하지 않고 그냥 보기만 하는게 너무 졸렸어요. 근데 그냥 서 있더라도 선생님들이 저를 평가하고 계시는 걸 알고 있으니까 눈을 부릅뜨고 계속 봤어요. 지금 생각해 보면 계속 지켜보게 하면서 일의 동선을 파악하라고 하신 것 같아요.
대장간에 왔을 때 제가 환영받는 처지는 아니었어요. 이미 경지란 친구가 대장간을 이을 거라는 뉴스를 봤었고, 그 친구가 제대하고 나오면 제가 들어오지 못하는 상황이었어요. 게다가 저는 나이도 좀 있어서 선생님들께서 저도 얼마 하고 가겠거니 하셨을 것 같아요. 근데 그 친구가 자리를 비우는 시간이 많아지면서 저는 대장간의 사소한 일이라도 나서서 했어요. 대장님이 시키시지 않는 다고해서 마냥 서 있을 수 없었고, 쇠를 바로 앞으로 옮기는 일도 마다하지 않았어요. 잡다한 일을 계속 하다 보니까 대장님께서 점점 일을 시키셨고 지금까지 일하게 되었어요.
처음에 대장간에서 일할 때 대장님이 하시는 그대로 따라하는 게 답이라고 생각했어요. 근데 이제는 대장님의 방식을 기본기로 삼아 스스로의 방식을 체득하고 있는 단계라고 생각해요. 그건 사람마다 몸도 팔도 근력도 다 다르니까 저한테 맞게끔 조금씩 바꿔가는 과정이라 생각해요. 처음에는 대장간을 차려야 한다는 계획도 있었어요. 근데 그 과정에서 막힘이 너무 많을 것 같고 현재는 이곳에서 보다 기술을 익히고 계속 있을 계획이에요.
박한준(남, 1986년생), 2021. 5. 12. 조사.

기계식 해머로 연장을 만들고 있는 박한준

이동현은 2021년에 형제대장간의 새로운 식구가 되었다. 그는 고등학교 3학년 때부터 대장장이라는 직업에 관심을 가졌다. 유튜브 등을 통해 대장간 일에 대해 알아보면서 대장장이의 꿈을 키웠다. 군대를 전역한 후 진로를 정하고 대장장이가 되기 위해 곧장 형제대장간을 찾아왔다. 대장장이가 희소성 있는 직업이고, 적성에도 맞아 가족들도 그의 결정을 응원해 주었다. 무턱대고 찾아 왔지만 대장간에서도 흔쾌히 그를 받아주었다. 이동현도 박한준과 마찬가지로 경기도 광주시에서 먼 거리를 출퇴근 하고 있다. 아직 몇 달 되지 않아 대장님과 선배의 일하는 모습을 지켜보고, 허드렛일을 돕고 있지만 천천히 대장간 기술을 익혀 꿈을 이뤄갈 계획이다.

화덕에서 쇠를 달구는 박한준

✦ 고등학교 3학년 때부터 대장장이의 꿈을 가졌어요. 그러다 유튜브를 통해서 대장간 일을 접했고, 전역한 다음 이곳으로 오게 되었어요. 마침 일손이 부족했던 터라 무턱대고 찾아왔는데 받아 주셨어요. 대장장이가 희소성 있는 직업이고 부모님도 제 적성을 잘 아셔서 대장간 일을 배우는 것에 대해 찬성하고 계세요.

출근한 지 3일 되었어요. 지금까진 그냥 서 있는 것 빼고는 괜찮은 것 같아요. 집이 경기도 광주라서 5시 20분쯤 일어나서 8시쯤 대장간에 도착해요. 막상 와보니 유튜브로 볼 때처럼 쇠를 두드리는 게 생각대로 되지 않았어요.

이동현(남, 1999년생), 2021. 6. 11. 조사.

이들 외에도 오랫동안 형제대장간과 인연을 맺은 제자가 있었다. 그는 중학교 때 어머니와 함께 대장간 일을 배우고 싶다고 찾아온 특별한 경우였다. 당시는 너무 어리고, 잠깐의 호기심이라 생각해 대장간 일을 배우고 싶으면 대학을 졸업하고 다시 오라고 돌려보냈다. 그런데 고등학교 졸업 전 정말 다시 그가 대장간을 찾아왔다. 군대를 다녀오고 대장간에 출근하고자 하는 그에게 류상준은 한국전통문화대학교 문화재수리기능인 양성과정 중 철물 과정을 수강하길 권하였다. 이에 그는 한국전통대학교 수업을 병행하며 대장간에서 일을 시작하였다. 하지만 다른 기술을 배우고자 2021년 상반기에 대장간을 떠났다.

그 친구는 중학교 때 배운다고 왔어요. 대학교 졸업하고 오라고 했더니 고등학교 졸업하기 전에 왔어요. 그래서 같이 하다가 군대 간다 그래서 군대 갔다가 다시 왔어요. 근데 도금이랑 뭘 배우고 싶어 해서 갔다 다시 온다기에 안 받아 줬는데 계속 오겠다 해서 형이 강의하는 한국전통대학교에서 전통철물이랑 대장간을 배우고 수업 안 가는 날은 대장간에서 일하게 되었어요. 근데 그 친구가 대장간 다니면서 대장간뿐만 아니라 다른 일에 계속 관심이 생겨서 대장간을 오갔어요. 계속 왔다 갔다 하다가 다시 들어와서 1년 일했는데 이제 나가서 지금은 안 오고 있어요.

류상남(남, 1956년생), 2021. 5. 12. 조사.

박한준과 류상준의 협업

한국전통문화대학교 전통문화교육원 출강

형제대장간에 비치된 류상준의 한국전통문화대학교 명함

류상준은 한국전통문화대학교 객원교수로도 활동하고 있다. 그는 오래전부터 화성 행궁, 강화 산성, 경기도 구리시 대장간마을 등 문화재 관련 일을 의뢰받아 전통 철물을 제작해 왔다. 이러한 경력을 인정받아 숭례문 화재사건을 계기로 전통 철물 제작 기술을 전수하고자 문화재청에서 정식으로 그를 초빙하였다. 류상준은 처음에 강의를 고사하였다. 대장간 일이 바쁘기도 했지만, 학교에서 체계적으로 문화재 수리를 공부한 것이 아니기에 학생들을 가르치는 게 겁이 났다. 하지만 계속된 강의 요청에 2015년부터 문화재수리기능인 양성과정 교수로서 학생들에게 실기 위주의 대장간 일을 가르치고 있다. 초창기에는 한 달에 2번 강의를 했지만, 현재는 매주 수요일과 목요일 이틀 출강하고 있다.

생업 현장인 대장간과 달리 학교는 온전히 교육을 위한 곳이기 때문에 망치를 잡는 법, 쇠를 때리는 방법 등 모든 과정을 세세하게 알려주고 있다. 류상준에게 배운 학생들은 전국에서 문화재와 관련된 철물을 수리하고 보수하는 일에 종사하고 있다.

✦ 우리가 일이 많아서 바쁘니까 처음에는 안 하겠다고 했어요. 그리고 저는 솔직히 자신이 없었어요. 과연 내가 학생들을 가르칠 수 있을까 이런 어떤 게 있더라고요. 근데 한편

경기도 구리시 대장간마을 전경

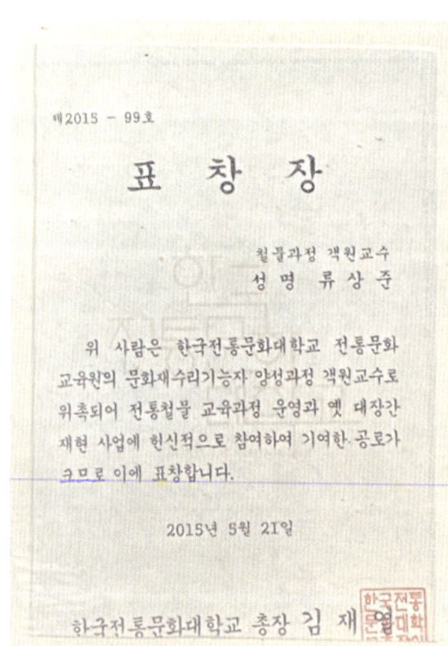

제2015 - 99호

표 창 장

철물과정 객원교수
성 명 류 상 준

위 사람은 한국전통문화대학교 전통문화교육원의 문화재수리기능자 양성과정 객원교수로 위촉되어 전통철물 교육과정 운영과 옛 대장간 재현 사업에 헌신적으로 참여하여 기여한 공로가 크므로 이에 표창합니다.

2015년 5월 21일

한국전통문화대학교 총장 김 재 열

한국전통문화대학교 표창장

대장간마을의 화덕

으론 초등학교 밖에 못 나왔는데 대학교에 가서 학생들을 가르친 다는 것만으로도 이게 이거 얼마나 명예로운 거예요. 그래서 고민을 하고 있는데 다시 전화가 와서 하게 되었어요.
제가 학교에서 가르치는 것은 주로 실습 위주에요. 이 일 자체가 이론으로 어떻다고 해도 실습이 되어야 해요. 제가 쇠를 다루는 것을 직접 보여주고 학생들이 그것을 따라 하면 지적해주면서 교육하고 있어요. 처음에는 2주에 이틀 가는 것으로 했는데 학생들이 그 사이에 내용을 다 잊을 것 같아서 1주에 이틀로 바꿨어요. 그랬더니 대장간 일하랴 강의 준비하랴 너무 바빠졌어요.

류상준(남, 1953년생), 2021. 4. 19. 조사.

✦ 일을 해야 하기 때문에 대장간에서는 하나하나 가르치지 못하지만, 학교에 가서는 하나하나 손을 잡아줘 가면서 망치질하는 법, 때리는 위치 모두 알려줘요. 학생들은 주로 학부 학생보다 일반 학생들이 더 많아요. 이 사람들이 우리한테 기술을 배워서 학교에서 기능사 시험을 보고 학교를 나가면 문화재가 되거나, 문화재 관련된 물품을 보수하고 수리하는 일들을 해요. 보통 수강생은 1년에 다섯 명 안쪽이고 상황에 따라 달라요.

류상준(남, 1953년생), 2021. 6. 11. 조사.

전통문화대학교 강의 모습 | 출처: 한국전통문화학교

3-4

형제대장간의 공간

화전동 방면
서울음악창작지원센터
수색마트
IBK기업은행
수색치안센터
원조즉석우동짜장
이디야커피
동아건축설비
서울수색우체국
한성덕트
KB국민은행
수색로
정관장
형제대장간
수색주방
수색역
수색역주차장
방면
삼성디지털

입주 후 인근 변화

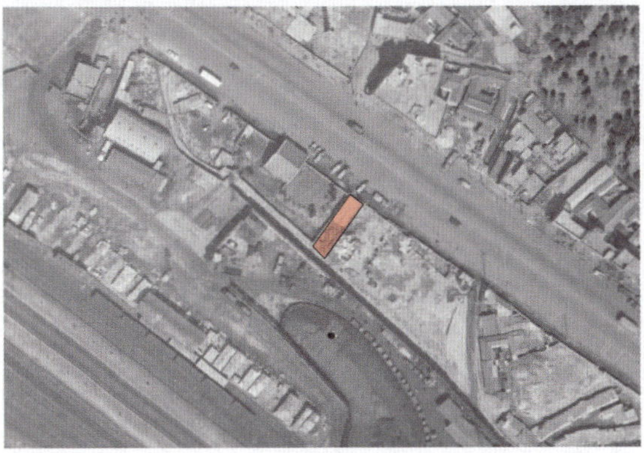

1974년
형제대장간 입주 전 수색역은 화물 수송 역할을 하였다.
수색역 인근에는 부속 시설과 상가가 들어서 있다.

1983년
수색역 인근에 부속시설이 일부 추가되고 대로와 가로가 정비된 것을 볼 수 있다.

1999년(입주후 초기)
수색역은 1997년 형제대장간 입주 후에도 화물 수송 등으로 활성하되지 않았다. 그러나 이후 역사 증축 및 주차장, 부속시설 등이 정비가 진행되었다.

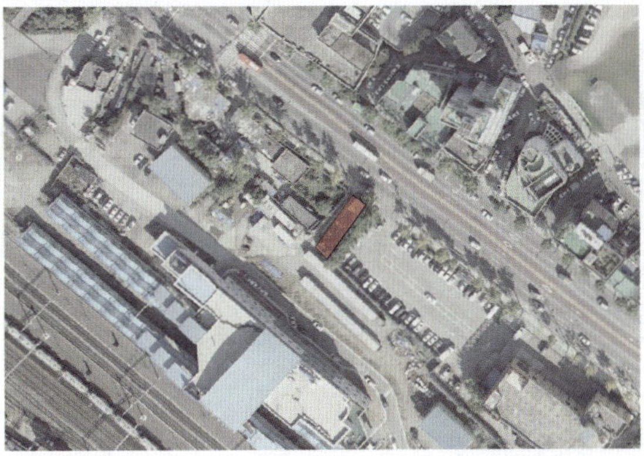

2005년(2006년 신역사 준공 직전)
신역사 준공 후 인근 부속시설 및 주차장 등이 새롭게 정비되었다.

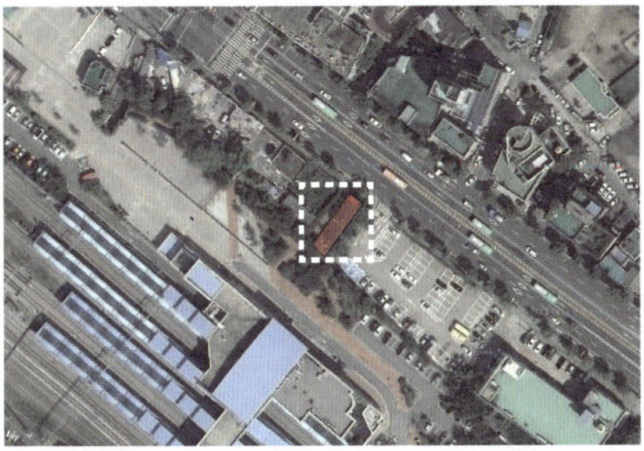

2021년 현재
2010년 수색역이 전철역으로 변경되면서 인근지역의 활성화가 가속화되고 있는 상황이다.

전철역으로 변경 후 주상복합건물 유입 등 고밀도화 진행 중

수색역은 1983년까지 화물 수송역으로 인근에 몇몇 부속시설이 있었다. 1999년 형제대장간 입주 초기에도 수색역은 화물 수송을 담당하며 활성화되지 않았다. 2005년 신역사 준공 후 인근 부속시설 및 주차장 등이 정비 되고, 2010년에는 전철역으로 변경되어 현재는 인근지역의 활성화가 가속화되고 있는 상황이다.

주 작업 공간

보조 작업 공간

전시 공간

저장 공간(외부)

후면 외부 저장 공간으로 이어지는 통로

배치도

7,850
1,650
5,250
950
저장 공간
(외부)
저장 공간
(외부)
5850
11,900
24,650
7,500
5,250
휴게공간
(방)
저장 공간(수방)
주 작업 공간
전시 공간
보조 작업 공간
수색역
은평청년문화예술발전소
1층
0
1
2
5
10m
수색로

평면도

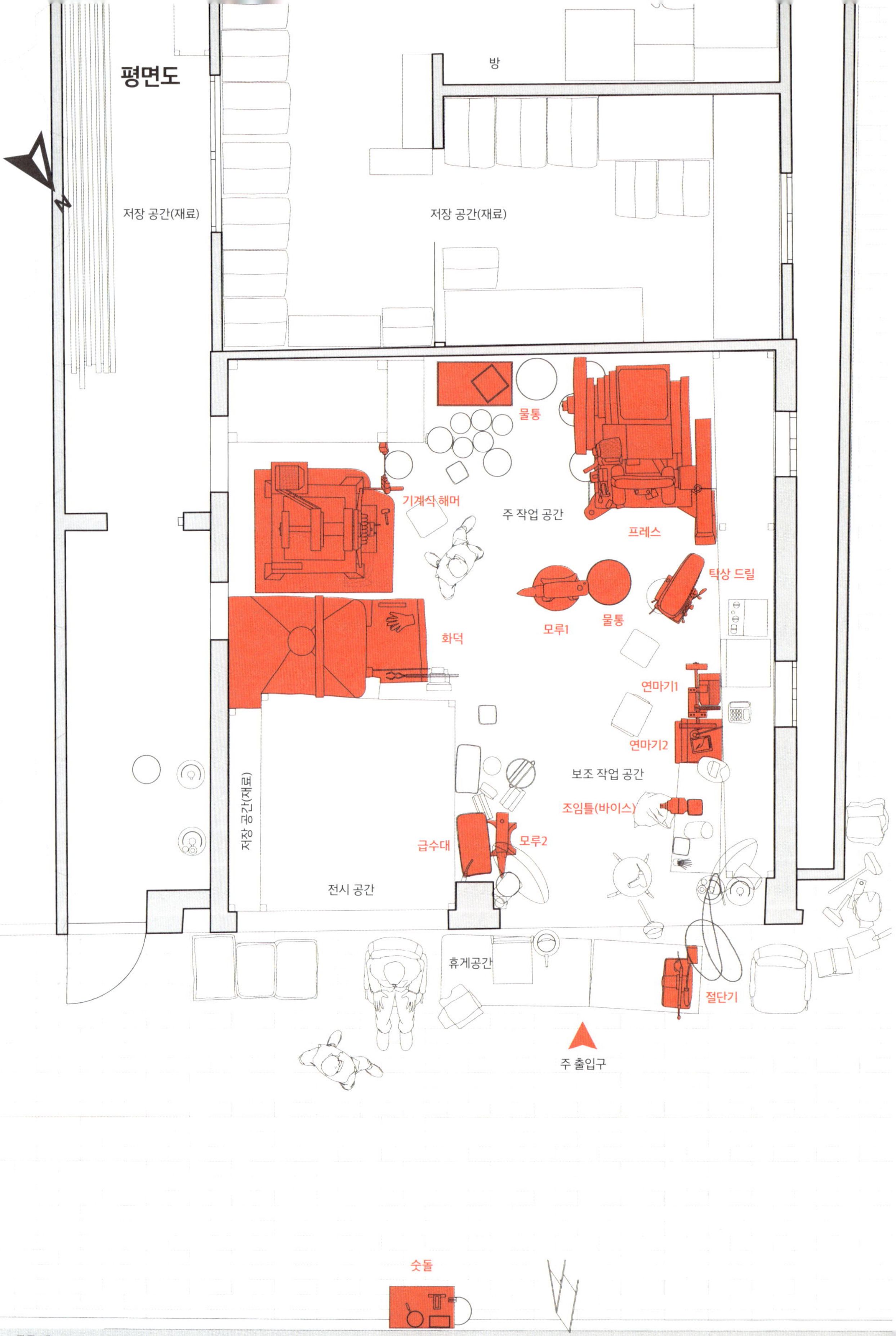
방
저장 공간(재료)
저장 공간(재료)
물통
기계식 해머
주 작업 공간
프레스
탁상 드릴
모루1
물통
화덕
연마기1
연마기2
보조 작업 공간
조임틀(바이스)
저장 공간(재료)
모루2
급수대
전시 공간
휴게공간
절단기
주 출입구
숫돌

기기별 크기 가로 X 세로 X 높이 (mm)

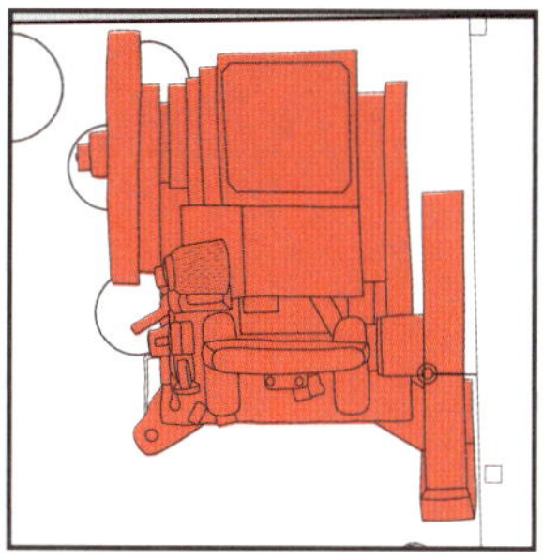

프레스 1276 X 1701 X 1776

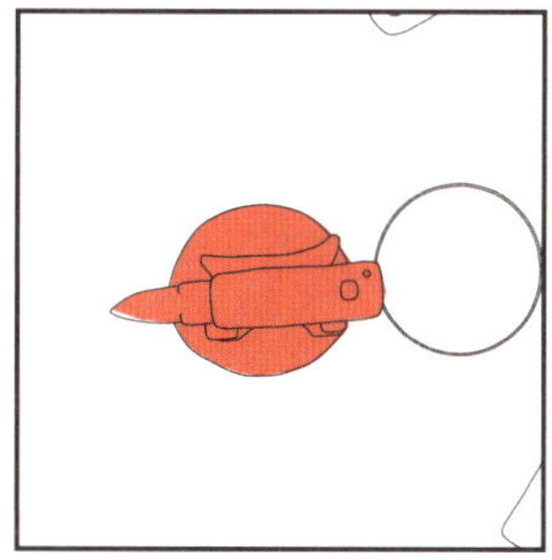

모루1 680 X 210 X 380

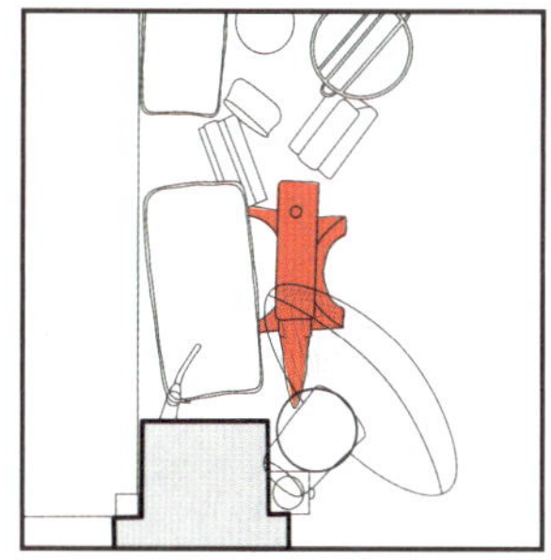

모루2 601 X 277 X 316

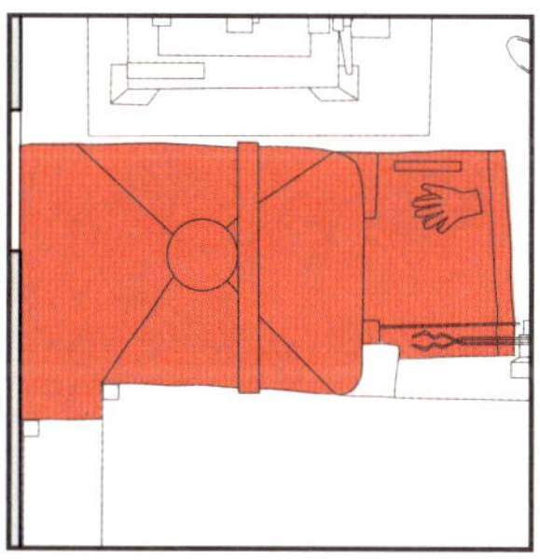

화덕 934 X 2103 X 2763

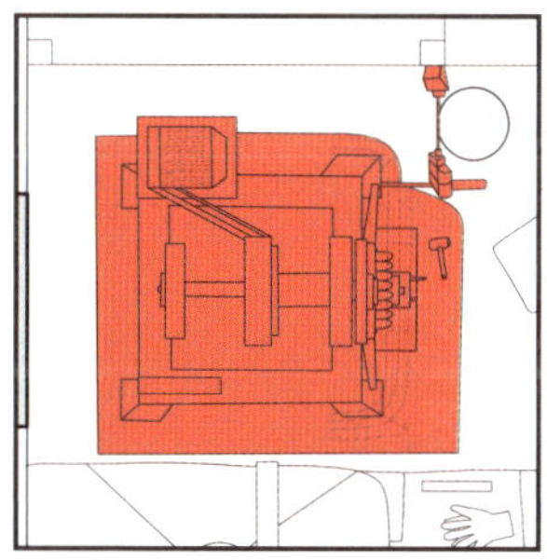

기계식 해머 1203 X 1298 X 1760

단면도

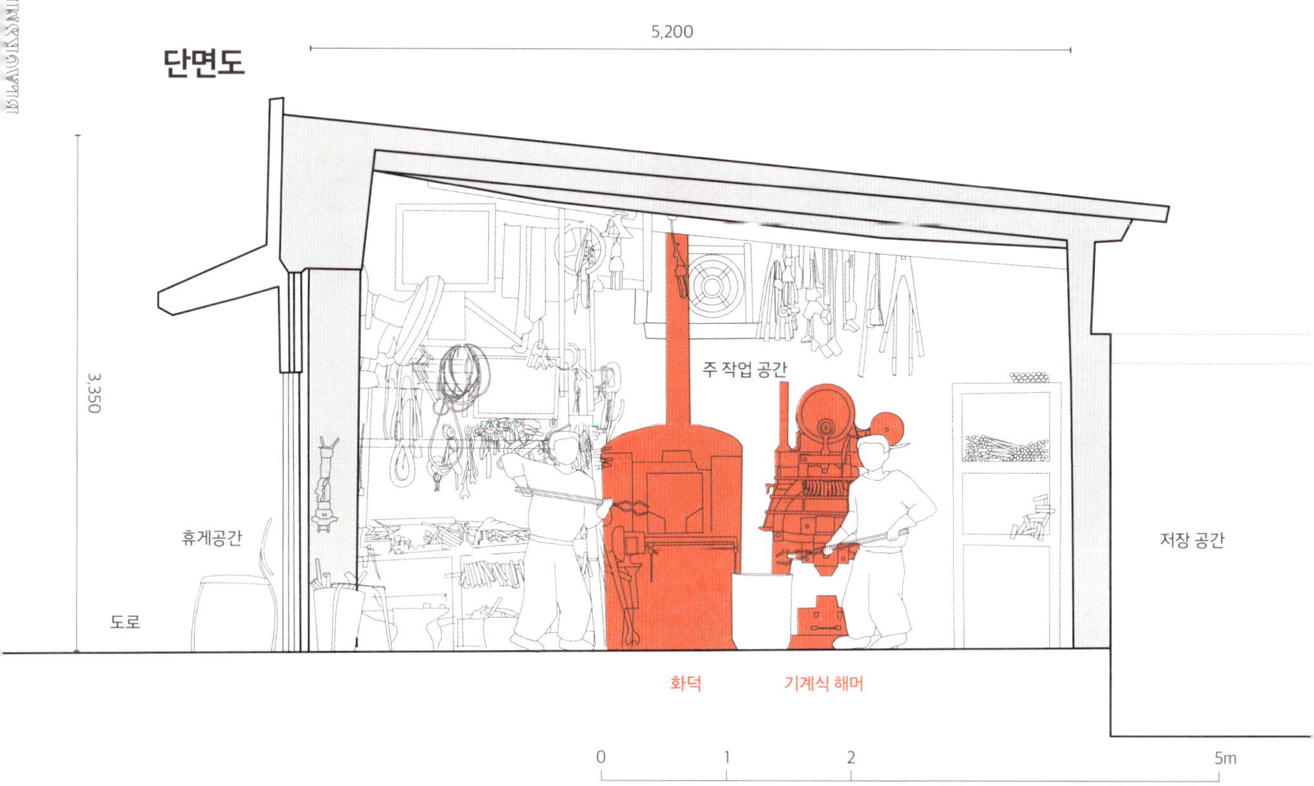

공간별 현황

전시 판매 공간

완제품 전시 및 판매가 이루어지는 공간은 도로를 향하여 개방돼 있다. 도로변에 놓인 의자가 고객 응대와 휴게공간을 겸하고 있다.

진입 공간(보조 작업 공간)

실내외가 연결되는 출입구 공간에는 절단, 용접, 타공 등 간단한 보조 작업이 빈번히 일어난다. 정이나 끌 등의 연마나 가공이 필요한 손님들은 이 지점에 물건을 놓고 간다. 그러면 먼저 절단이나 용접 등의 작업을 한 다음, 내부 주 작업 공간에서 성형이나 담금질 등을 진행하고, 열을 식히거나 광을 내거나 하는 등의 후속 작업은 진입 공간인 보조 작업 공간에서 진행된다.

주 작업 공간

화덕, 기계식 해머, 모루 등이 자리잡고 있는 대장간 중심 공간이다. 왼쪽 화덕에서 달군 쇠는 오른쪽 기계식 해머를 통해 모양이 만들어지고 전면에 보이는 모루에서 섬세한 메질을 통해 다듬어진 다음 후면에 있는 물에 담가 완성된다. 화덕 옆은 기계식 해머가 위치하고, 기계식 해머 곁은 모루, 모루 곁에는 물통이 인접 배치로 연결된다.

보조 작업 공간

화덕과 기계식 해머, 모루 등에 자리를 내주고 남은 공간을 연마 등 가공 공정을 위한 작업 공간으로 활용한다. 출입구와 가까운 곳에 위치하여 손님들의 간단한 가공이나 조정에 빠르게 대처할 수 있다.

저장 공간

형제대장간의 주재료인 금속과 완제품, 보조장비 등을 대장간 뒤쪽에 개방된 외부 공간에 저장한다. 외부공간이 다소 넓어 다양한 도구 등을 저장하기 용이하나 노출된 공간으로 외부환경에 상대적으로 취약하다. 지붕이 있는 구조물을 만들어 저장 공간 환경을 개선할 의지는 있으나, 임차인으로서 권한이 없다고 한다.

휴게공간

형제대장간 내부에는 과거 류상준의 가족이 거주하던 공긴이 붙어있다. 현재 주방은 재료나 세품 등을 보관하는 장소로 활용한다. 방에는 책상과 침대를 놓아 직원 숙소 및 휴게공간으로 사용하고 있다.

업무 흐름 및 작업 동선

단순 구매 고객 방문 시 동선

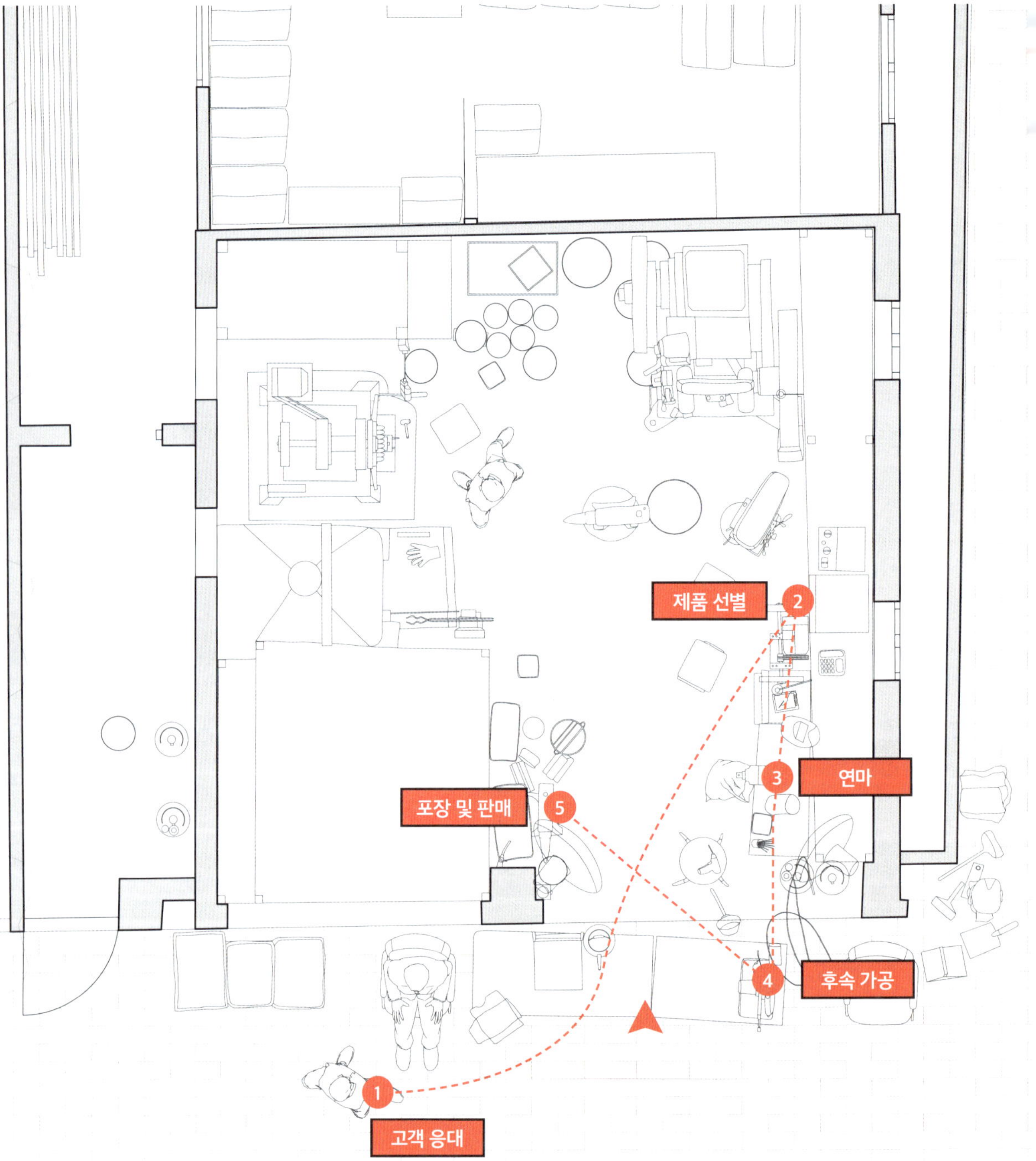

제작 및 가공 의뢰 고객 방문 시 동선

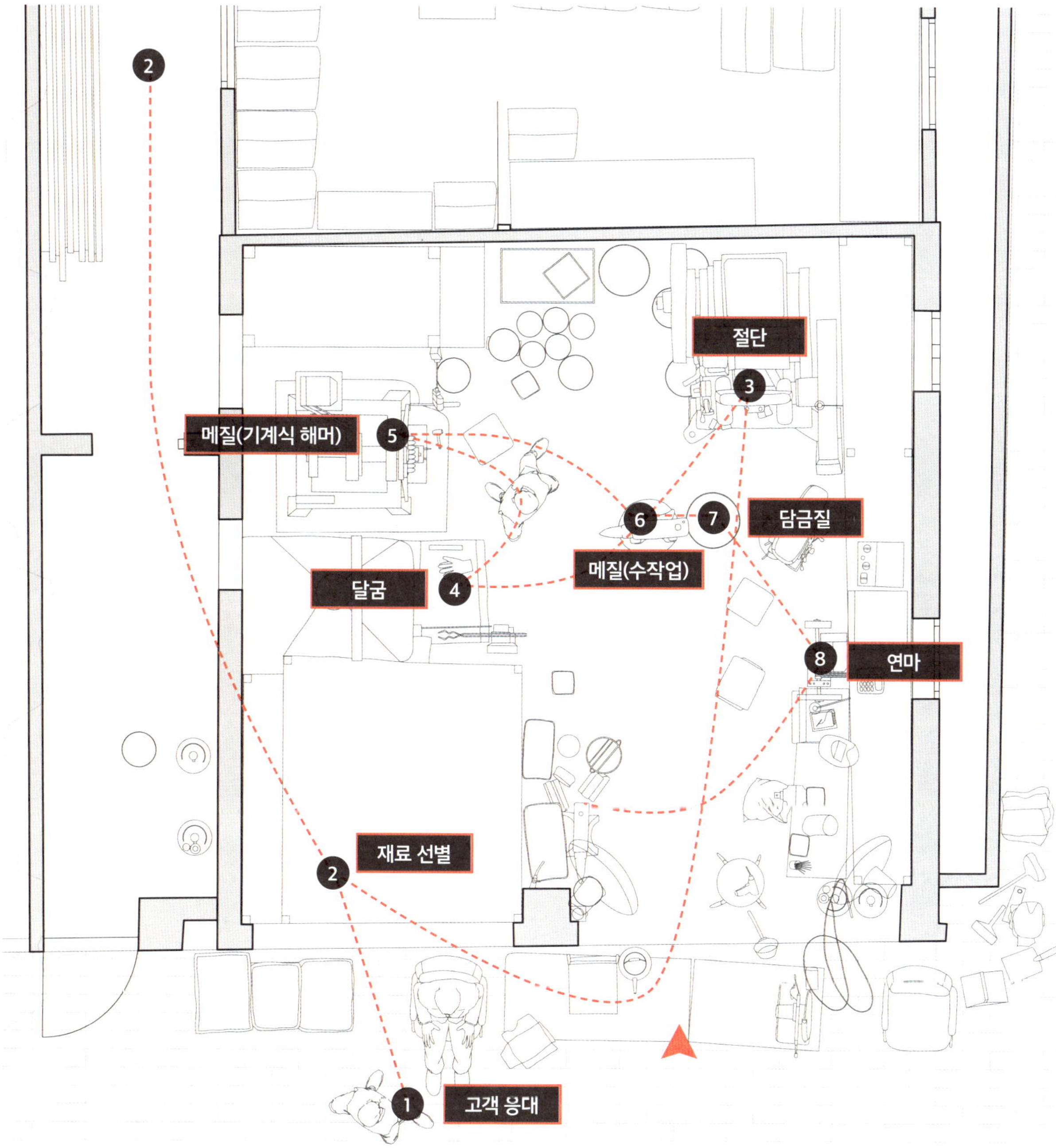

대장간 특징

화덕 위치 잡기

형제대장간 입주 초기, 화덕의 위치는 지금과 달랐다. 기존의 화덕 자리에는 현재 프레스가 자리를 잡고 있다. 입주 직후 작업 진행을 빨리 하려다보니 화덕과 기계식 해머를 놓은 자리에 콘크리트가 굳기도 전에 해머와 모루를 사용하였다. 그러자 얼마 지나지 않아 기계식 해머가 흔들리고 모루가 울리는 상황이 되었다. 그래서 다시 기계식 모루의 자리를 잡고, 콘크리트를 제대로 굳혀서 지금까지 사용하고 있다. 1997년 입주 당시 화덕이 있던 곳은 현재 굴뚝의 구멍이 남아있어 위치를 알 수 있다.

입주 초기 화덕의 굴뚝 위치

뿌리 깊은 모루

형제대장간 모루 하부에는 목재로 된 밑둥이 설치되어 있다. 메질을 하는 곳의 밑둥은 모두 땅에 깊에 박혀 있다. 메질을 할 때 흔들리고, 울리는 것을 방지하기 위함이다. 형제대장간 모루를 받치고 있는 나무기둥은 약 80cm 가량이 땅속에 묻혀있다. 기계식 해머도 마찬가지로 모루가 유사한 깊이로 묻혀있다.

대지 및 건축물 소유관계 등 현황

형제대장간은 현재 지붕과 재료 보관 창고에 물이 세는 등 곳곳에 문제가 있지만, 보수가 불가한 상황이다. 대장간 건물은 철도부지의 광장 영역에 위치하고 있으며, 실제 대지는 한국철도공사 소유다. 반면 건축물은 민간인 소유다. 게다가 대상지의 지목이 전(田)으로 건축물을 건축할 수 있는 대지가 아니다. 이러한 상황에서 건축물 소유주 입장에서는 불법으로 건축물을 조성하는 것을 허락할 수 없을 것으로 예측되며, 추후 대장간에도 환경을 개선하거나 조정하는 데 있어 한계가 예상된다.

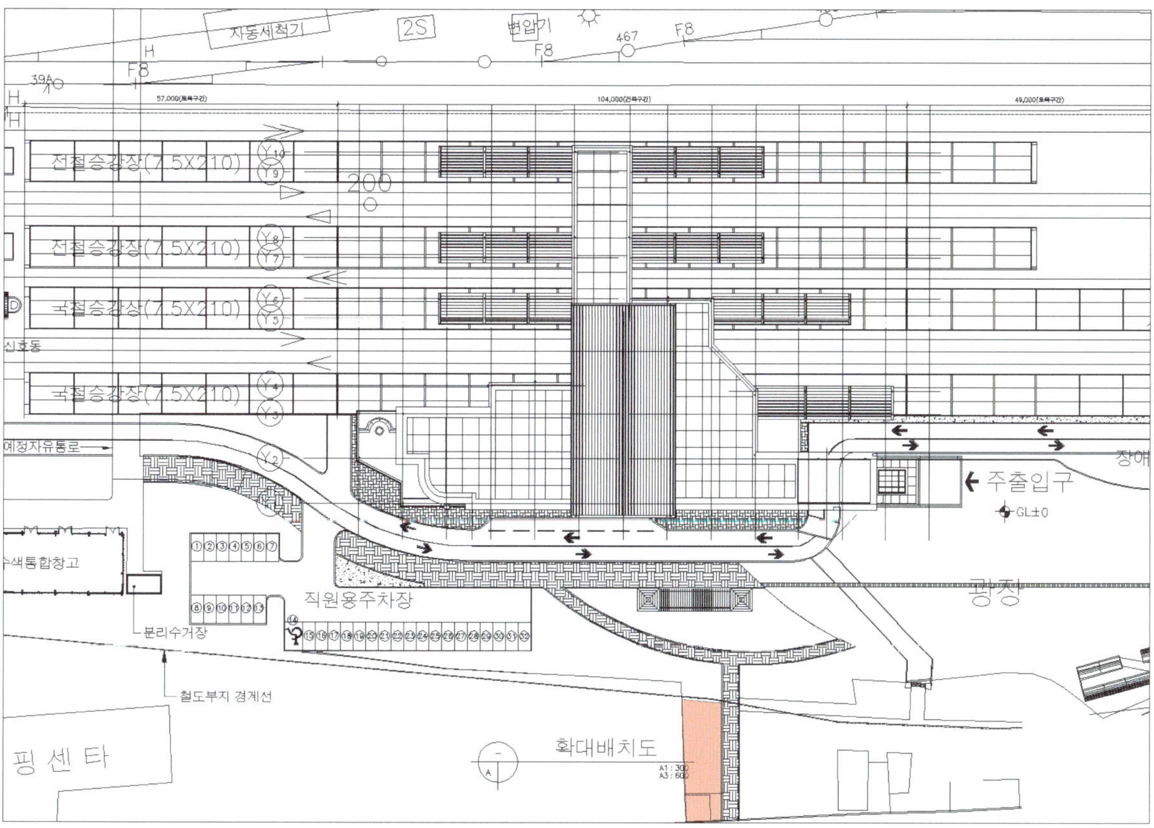

서울을 떠나는 동광 대장간

BLACKSMITHS IN SEOUL

동광
동광대장간
T. 031-529-1142

4-1 전농동 동광대장간

동광대장간 창업주 이흔집 | 출처: 서울미래유산 홈페이지

1대 이흔집

- 1949년(1세) 경상남도 밀양에서 4남매 중 장남으로 출생
- 1965년(17세) 중학교 졸업 후 밀양에서 대장간 일을 시작
- 1975년(27세) 상경해 중구 신당동 대장간 취업
- 1978년(30세) 동대문구 용두동에 동광대장간 창업
- 1988년(40세) 동대문구 제기동으로 동광대장간 이전
- 1993년(45세) 동광대장간 휴업
- 1996년(48세) 동대문구 전농동 동광대장간 재개업
- 2020년(72세) 지병으로 작고

동광대장간의 창업주 이흔집은 1949년에 경상남도 밀양에서 4남매 중 장남으로 태어나 2020년에 지병으로 사망하였다. 이흔집은 집안 형편이 좋지 않아 중학교를 졸업하고 고향에서 대장간을 운영하는 작은 아버지에게 농기구와 편자 만드는 법을 배웠다. 군대를 제대하고 1975년에 서울로 상경해 중구 신당동에서 본격적으로 대장간 일을 배웠다. 신당동에서 기술을 익힌 이흔집은 1978년에 동대문구 용두동에서 대장간을 차리고 상호를 '동광대장간'이라 하였다.

✦ 아버지는 중학교 졸업하고부터 대장간 일을 시작하셨대요. 고향 밀양에서 작은아버지가 대장간을 하셔서 같이 하다가 살림이 넉넉하지 않으니까 군대 제대 후 20대 초반에 서울 중구 신당동에 올라오셨대요. 그리고 1978년에 용두동에 대장간 차리셨는데 이때부터 동광대장간이었어요.

이일웅(남, 1978년생), 2021. 4. 1. 조사.

당시 용두동에는 소규모 금속 제조업체가 밀집해 있었다. 1978년에 서울운동장 확장 공사를 하면서 밀려난 대장간들이 1970년대 이후 용두동에까지 자리하게 된 것이었다. 2016년에 이르자 용두동에는 200여 개의 소규모 금속 제조업체가 모여 철공소 골목을 형성하였다.[08] 때문에 사람들은 이곳을 '탱크도 만드는 곳'이라 이야기할 정도였다.[09]

용두동 철공소 골목 위치도(2018)

08 GOOD NEWS, 「철거되는 용두동 철공소거리」, 2018년 1월 19일자.
09 mbc, 「[마봉춘이 간다] 탱크 만든다던 골목인데... 갈 곳 없는 철공소」, 2018년 1월 11일자.

용두동 동광대장간은 1988년에 건물 신축으로 인해 동대문구 제기동 홍파초등학교 앞으로 이전하였다. 제기동에서 동광대장간은 주로 망치와 자석을 생산해 도매로 거래를 하였다. 특정한 물품을 취급하며 주문으로 대규모 거래를 하기 때문에 넓은 공간이 필요하지 않았다. 직원은 셋이 있었는데 기계 담당, 화덕 담당, 연마 담당으로 나뉘었다. 주인인 이흔집은 집게를 잡았다. 동광대장간 주변에는 철물공장을 비롯해 다양한 제조업 공장들이 즐비하였다.

✦ 제가 어릴 때라 용두동은 조금 생각나고, 제기동은 잘 기억나요. 제기동 대장간은 당시 소매를 안 하니까 물건들이랑 재료들이 막 쌓여 있었어요. 제기동에 있을 때는 주로 망치하고 자석을 만들어서 도매로 팔았어요. 직원은 기계 때리는 사람, 연마하는 사람, 불 봐주는 사람 세 명 정도 직원이 있었고 아버지가 집게를 잡으셨어요. 그리고 주말이면 어머니가 저와 동생을 대장간에 데려가서 아버지가 만들어 놓은 물건을 포장하고 용돈을 받았던 기억이 있어요. 용두동, 제기동 대장간 주변에도 공장들이 많았어요. 선반집, 빠루(배척) 같은 걸 가공하는 곳이 많았는데 재개발 지구가 되어서 싹 들어갔죠.

이일웅(남, 1978년생), 2021. 4. 1. 조사.

전농동 동광대장간

1993년에 동광대장간은 가세가 기울어 문을 닫았다. 이흔집은 제기동에서 대장간을 운영할 수 없어 작은 기계식 해머 하나만을 남기고 모든 대장간 집기와 물건을 처분하였다. 가족과 함께 경기도 성남시로 거처를 옮긴 이흔집은 3년 동안 대장간 일을 쉬었다. 그러던 중 동대문구 전농동에 건물을 소유한 지인과의 인연으로 1996년에 전농동에서 동광대장간을 다시 시작하게 되었다. 전농동 대장간은 경춘선과 왕복 6차선 도로인 왕산로 사이에 자리해 주변과 단절되어 있어 대장간을 하기 좋았다.

✦ 집이 부도나면서 아버지도 한 3년 쉬셨고, 집안 사정 때문에 돈이 없었어요. 그때 전농동 대장간 땅 주인이 저희 어머니랑 잘 아시는 분이라서 (건물을) 관리할 겸 대장간을 차리게 해주고, 옆에서 살 집을 조그맣게 해주셔서 오게 된 거죠. 그렇게 아버지가 전농동에서 기계 하나만 가지고 시작해서 지금까지 오게 되었어요.

이일웅(남, 1978년생), 2021. 4. 1. 조사.

전농동에서 다시 시작한 동광대장간의 모습은 이전과는 사뭇 달랐다. 제기동에서는 도매를 전문으로 운영했지만 3년간의 공백기 동안 더 이상 도매를 고집할 수 없게 시장이 변한 것이다. 직전까지 주요 품목이던 자석은 수요가 대폭 줄었고, 거래처도 대부분 끊어졌다. 이흔집은 고물상을 통해 철근을 매입하고 소매용 연장을 위주로 대장간을 채워 나갔다. 입점 당시 주변에 시장이 전혀 갖춰지지 않았지만 이흔집의 성실함과 부단한 노력으로 동광대장간은 점차 입소문을 타고 단골을 확보하였다.

동광대장간 이흔집의 작업 모습 | 출처: 서울미래유산 홈페이지

전농동에서 안정적으로 자리를 잡아나간 동광대장간은 1999년에 대장간 왼쪽에 있는 점포가 나가면서 두 개의 점포를 터 남양주 이전 직전의 규모를 갖추게 되었다. 동광대장간은 중앙을 기준으로 왼쪽엔 화덕과 프레스, 기계식 해머를 두고, 오른쪽엔 연마기, 용접기, 자재 창고를 배치하는 등 작업 공간을 구분해 사용하였다.

✦ 돈 좀 생기면 철근을 사서 만들어 놓고 팔면서 전농동 대장간이 된 거죠. 처음에는 지금 동광대장간 우측 공간만 우리가 사용했어요. 그러다 1999년도에 좌측에 있었던 가게가 나가서 우리가 텄어요. 그래서 지금 공장에 두 공간이 나뉘어 있는 것처럼 보이는 거예요.

이일웅(남, 1978년생), 2021. 3. 4., 2021. 4. 1. 조사.

동광대장간 전면에 진열된 다양한 철물

△ 전농동 동광대장간 좌측 공간

▽ 전농동 동광대장간 우측 공간

서울을 떠난

4-2 남양주 동광대장간

동광대장간 2대 이일웅

2대 이일웅

- 1978년(1세) 중구 신당동에서 2남 1녀 중 장남으로 출생
- 1985년(8세) 서울 소재 사립초등학교 입학
- 1997년(20세) 고등학교 졸업
- 2002년(25세) 동대문구 전농동 동광대장간 참여
- 2018년(41세) 대장간 일을 본격적으로 배움
- 2020년(43세) 전농동 동광대장간 승계(2대)
- 2021년(44세) 경기도 남양주시 퇴계원면으로 동광대장간 이전

이일웅은 이흔집이 신당동에서 용두동으로 옮겨온 1978년에 2남 1녀 중 장남으로 태어났다. 용두동과 제기동에서 동광대장간이 번창하며 이일웅은 유복한 환경에서 학창시절을 보냈다. 하지만 고등학교를 졸업하던 해에 가세가 급격히 기울면서 대학 진학을 포기하고 생활전선에 뛰어들었다.
전농동으로 이전한 동광대장간은 소매를 취급하면서 더 많은 일손이 필요하게 되었다. 이일웅은 2002년부터 대장간에 나와 판매, 배달과 같은 일을 도왔다. 하지만 그는 잠시 아버지 일손을 돕는 것일 뿐 대장간 일을 전업으로 삼을 생각이 없었다. 그의 인식 속에 대장장이는 천대를 받는 직업이었고, 허리와 고관절 수술을 받아 신체적인 제약도 있었다.

✦ 저는 신당동에서 1978년에 태어났고 위로는 누나가 있고 아래로는 남동생이 있어요. 학창시절은 집이 유복해서 특별한 건 없었어요. 어렸을 때 기숙학원 다니고, 사립초등학교에 다녔어요. 고등학교 졸업하고 집안이 어려워지면서 대학도 안 갔어요. 대장간 일하기 전에는 전기 일도 하고 술집도 하고 다양하게 해 봤어요.
전농동 대장간이 들어와서 이것저것 많이 하니까 대장간에 일손이 필요하게 되어서 2002년부터 대장간 일을 돕게 되었어요. 이때 일한 거는 본격적으로 배웠다기보다 용돈 벌 겸 가서 도운 정도였어요. 처음에는 아버지가 했으면 좋겠다 그러셨는데 당시만 해도 대장장이가 천대를 받아서 별로 하고 싶다는 생각을 안 했어요. 그리고 허리랑 고관절을 수술해서 몸도 불편했어요.
이일웅(남, 1978년생), 2021. 4. 1. 조사.

이일웅은 2018년부터 자신의 손을 거쳐 물건이 만들어지는 것에 흥미를 느끼고, 대장간 일을 본격적으로 시작하게 되었다. 하지만 얼마 지나지 않아 2020년에 아버지가 폐암으로 돌아가셨다. 본격적으로 대장간 일을 배운지 얼마 되지 않았기에 대장간을 계속 운영해야하는지 많은 고민이 있었다. 하지만 사람들이 아버지를 기억하길 바라는 마음에서 동광대장간을 계속 유지하기로 결심하였다.

전농동 동광대장간 이사

이사의 마지막 작업으로 바닥 콘크리트에 박혀있던 기계식 해머의 모루를 포클레인으로 빼내고 있다.

기계식 해머의 모루

전농동 동광대장간 콘크리트 바닥 아래 묻혀 있던 것이다.

그러나 동광대장간의 시련은 여기서 끝나지 않았다. 전농동 대장간 자리에 신축 건물이 개발되어 대장간을 또다시 옮겨야 하는 상황에 부닥쳤다. 이일웅은 오랫동안 터를 잡았던 전농동 일대에 새로운 대장간 자리를 찾아보았지만 쉽지 않았다. 대장간이 자리하기 위해선 식당이나 주택이 근접하면 안 되고, 단층 건물이어야 하기 때문이었다. 결국 이일웅은 서울에서 대장간 부지를 찾지 못하고, 경기도 남양주시 퇴계원읍에 대장간 부지를 매입해 대장간을 새롭게 지었다. 2021년 3월에 동광대장간은 전농동에서 철수하고, 10월에 경기도 남양주에서 개업식을 열고 새 출발을 시작하였다.

✦ 2~3년 전부터 이 일에 재미를 느끼기 시작했어요. 아버지가 돌아가신 후 가게를 어떻게 할지 고민했지만 조금 더 배워서 동광대장간을 이어 간다면 사람들이 아버지를 더 기억하지 않을까 하는 마음에서 본격적으로 시작하게 되었어요.

이일웅(남, 1978년생), 2021. 4. 1. 조사.

✦ 대장간을 운영하려면 단층 건물이어야 하고, 시끄러우니까 옆에 식당, 주택가 같은 게 있으면 안 돼요. 어떤 대장간은 옆에 식당이 있어서 손님들이 식사하다 깜짝 놀란다고 오

△ 남양주 동광대장간 개업식 고사

▽ 고사상

전 8시 반 전에 일하면 안 되고, 점심 1시간 안 되고, 저녁 5시 넘어도 안 된대요. 이런 요건을 다 맞추려면 서울도 경기도도 대장간을 할 곳이 없어요. 그래서 이번에 남양주로 옮길 때 아예 땅을 사서 지어서 가게 되었어요. 민원이 들어오더라도 세로 들어가는 것보다 사서 들어가면 부담이 덜해서 퇴계원에 대장간을 사서 들어가게 되었어요.

이일웅(남, 1978년생), 2021. 3. 4. 조사.

동광대장간(남양주) 개요

주소	경기도 남양주시 송산로 2(퇴계원리 359-13)
대지면적	541 m²
연면적	199.47 m²
대장간 사용면적	60평
층수	지상 1층
구조	일반철골구조
용도	제1종근린생활시설(소매점)
건축물 정보	개발제한구역, 자연녹지지역, 철도보호지구 2021년 8월 4일 사용 승인

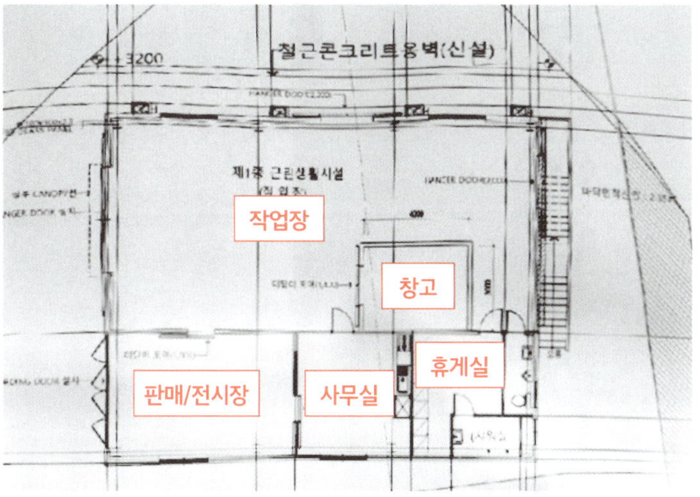

남양주 동광대장간 내부

4-3

전농동 동광대장간의 공간

입주 후 인근 변화

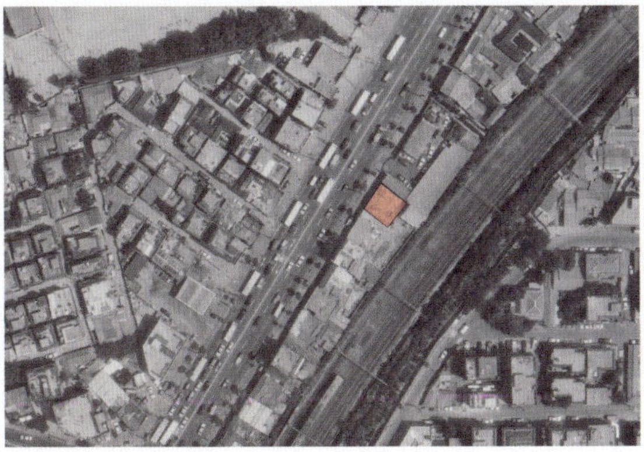

1997년 입주 초기
공업 제조업종의 1~2층 저층 상가가 인접하였다.

2005년
왕산로 맞은 편에 고층 건물이 들어서는 것을 확인할 수 있다.

2016년
동광대장간과 같은 선상에 고층 복합건물이 들어섰다.

2021년 현재
동광대장간 바로 옆까지 고층 주상 복합건물이 들어서고 있다.

주상복합건물 등 유입으로 고밀도화 진행 중

1997년 전농동 동광대장간 입주 당시에는 인근에 공업 및 제조업 등의 1~2층 저층 상가들이 인접하였다. 2005년에는 인접한 왕산로 맞은 편에 고층 건물들이 들어섰다. 2016년에는 대장간 동일 선상에까지 고층 복합건물이 들어섰다. 2021년 현재는 대장간과 바로 인접하여 고층 주상복합건물이 들어선 것으로 보아 도로를 따라 고밀도화가 진행되고 있음을 알 수 있다.

주 작업 공간

보조 작업 공간

전시 공간

저장 공간

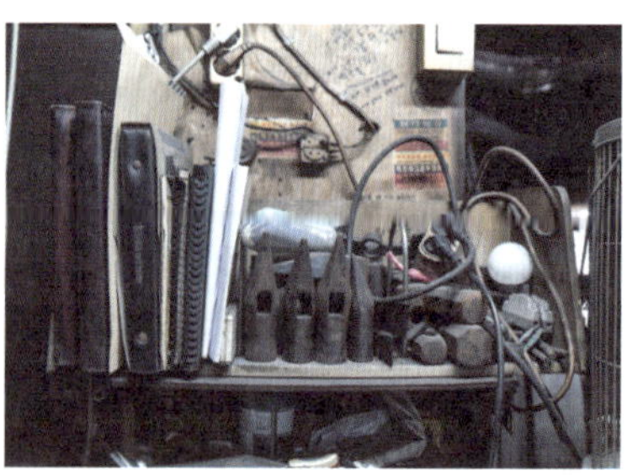

사무 및 휴게 공간

배치도

7,950
3,850
4,100
육교특수고무(1층)
N
저장 공간
저장 공간
사무 및 휴게 공간
보조 작업 공간
주 작업 공간
전시 공간
대화공조 닥트전문(1층)
0
1
2
5
10m
왕산로

평면도

N
저장 공간(완제품)
저장 공간(재료)
사무 및 휴게공간
프레스1
연마기
보조 작업 공간
주 작업 공간
연마기
물통
화덕
모루3
프레스2
모루2
모루1
용접기
기계식 해머2
기계식 해머1
조임틀(바이스)
진입 공간
모루4
전시 공간
주 출입구
절단기

기기별 크기 가로 X 세로 X 높이 (mm)

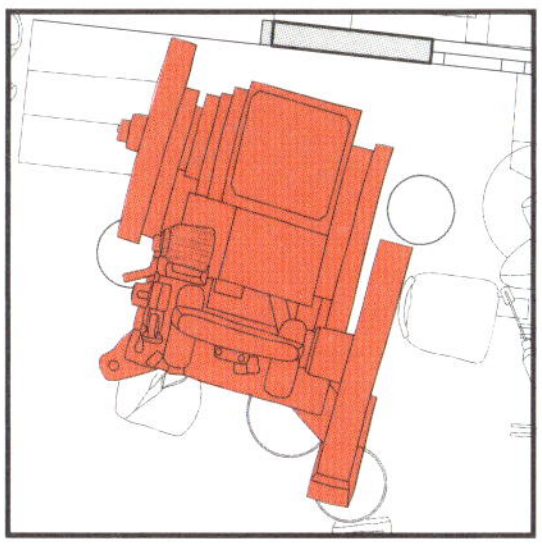

프레스1 1232 X 1707 X 2558

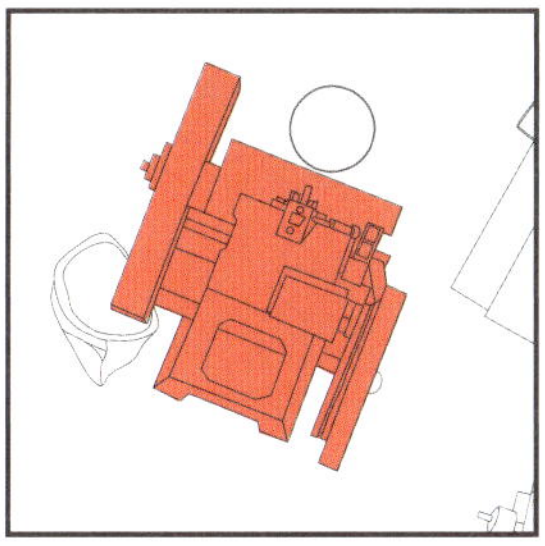

프레스2 982 X 1091 X 1938

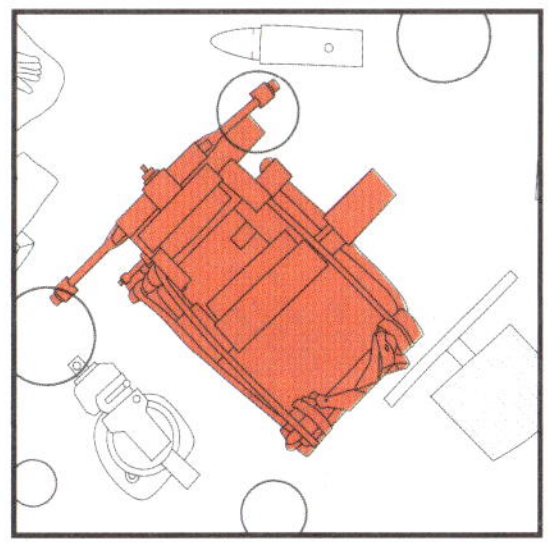

기계식 해머1 913 X 930 X 1930

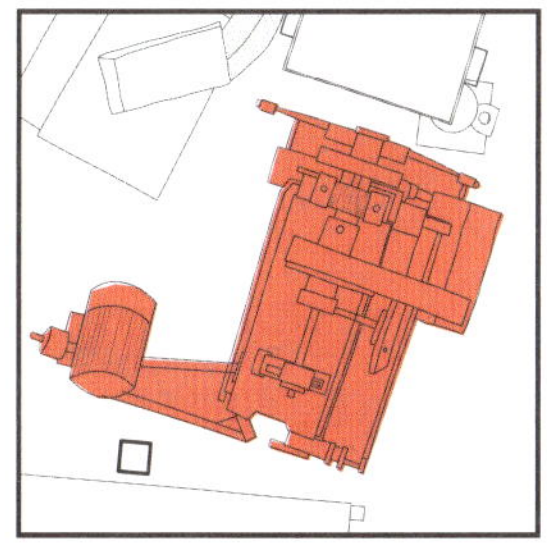

기계식 해머2 1097 X 1446 X 1980

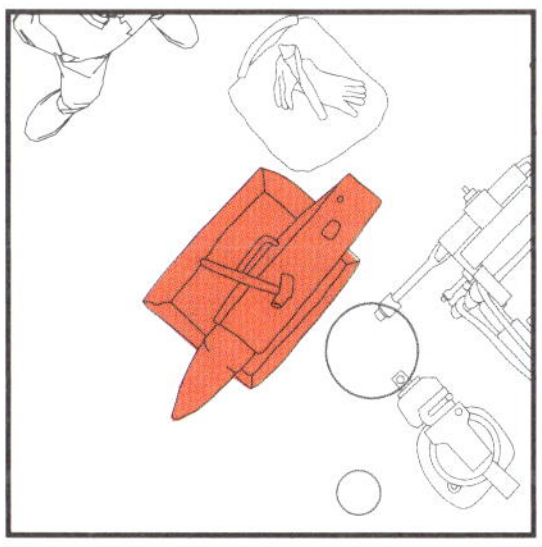

모루1 901 X 224 X 294

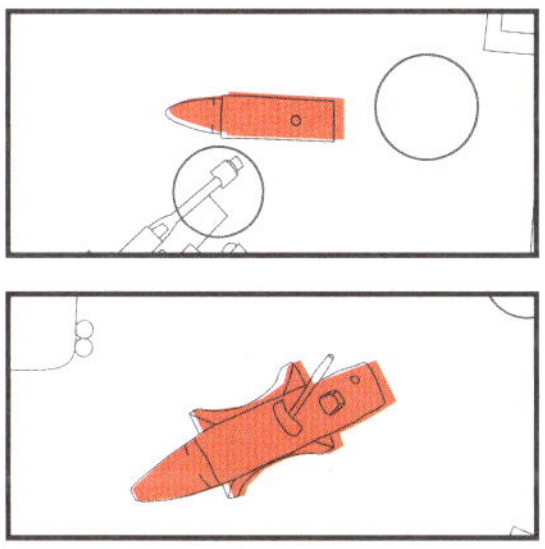

△모루2 440 X 110 X 350
▽모루3 832 X 286 X 409

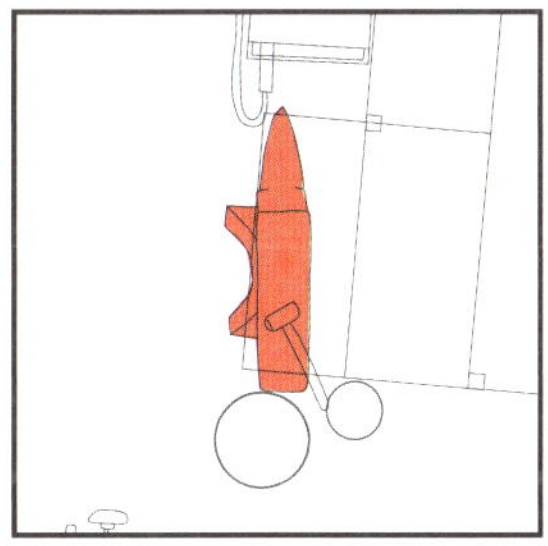

모루4 842 X 255 X 370

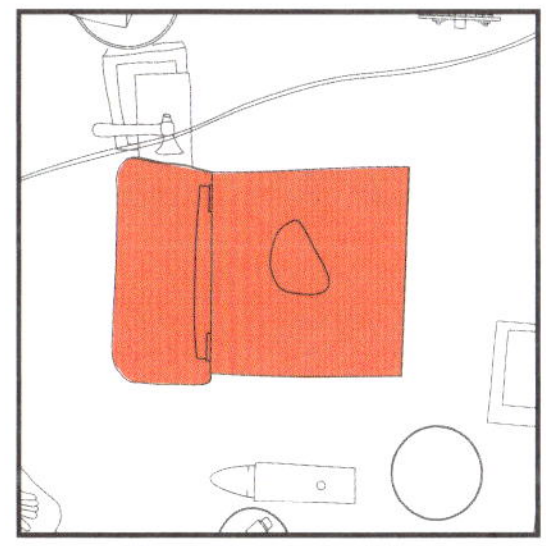

화덕 640 X 883 X 3804

단면도

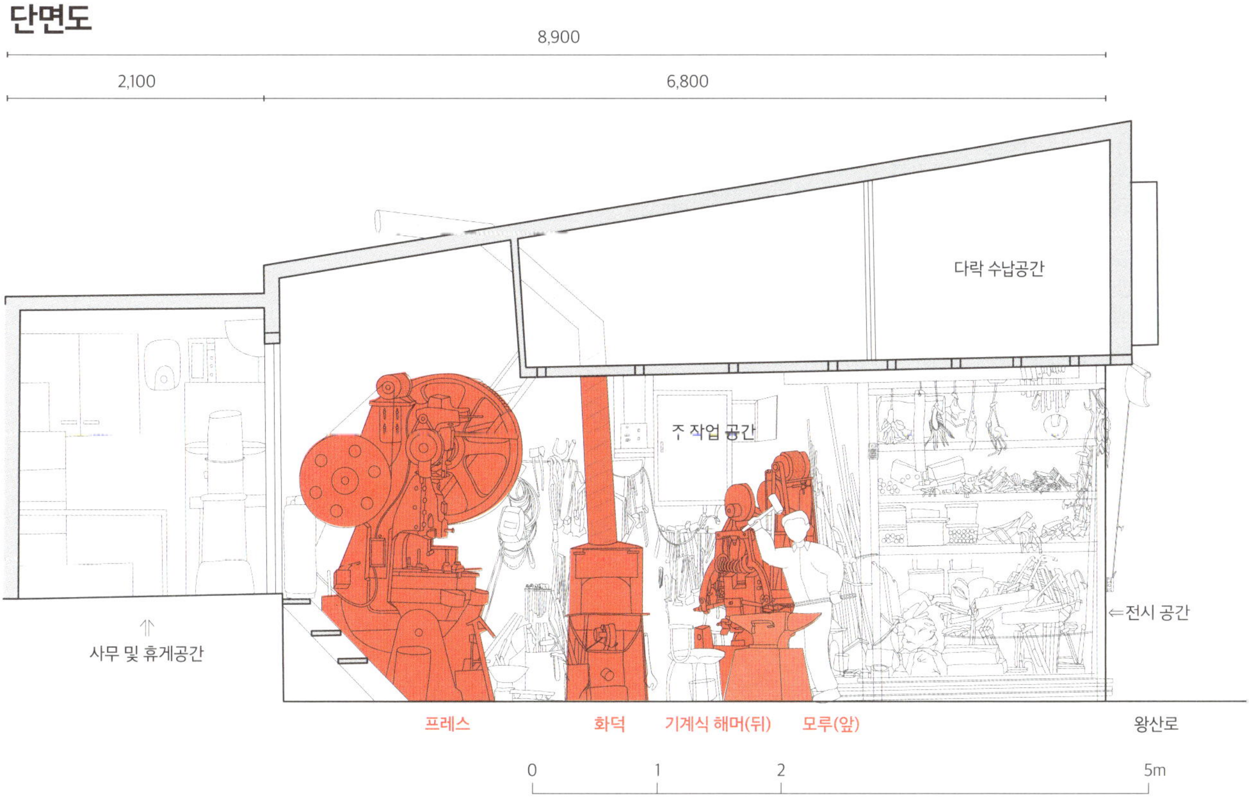

공간별 현황

전시 판매 공간

간판이 크고 높아서 6차선 넓은 도로에서도 가시성이 확보된다. 외부에 전시된 제품은 종류가 많지 않고, 다양한 제품을 전시하는 목적보다 재료들을 저장하는 기능이 크다.

진입 공간

출입구 공간에는 모루, 절단기, 용접기 등이 놓여 있어 틈틈이 보조 작업이 이루어진다.

보조 작업 공간

출입구에 들어서면 위치한 보조 작업 공간에는 주로 연마 작업을 할 수 있도록 기계장치가 설치되어 있으며, 작업 중인 다량의 물건이 바닥에 놓여있다. 안전장치가 따로 없어 연마 작업 공간의 위험성을 예측할 수 있다.

저장 공간

보조 작업 공간을 지나 재료 및 제품, 보조 장비 등을 저장하는 공간이 실내에 별도로 마련되어 있다. 창고로 진입하는 통로에는 꺼내 쓰기 편리하도록 금속 등을 저장하고, 창고 내부에는 완제품이나 부속 제품을 주로 저장하고 있다. 또한 도로변 공간 상부에 다락과 같은 공간을 별도로 만들어 자주 쓰지 않는 기계나 부속 장치 등을 보관하고 있다.

주 작업 공간

동광대장간의 확장 이전 공간을 가늠해 볼 수 있다. 입구에서 사무실로 연결되는 통로에 방해가 되지 않도록 화덕을 벽에 두고 양쪽에 기계식 해머와 모루가 설치되어 있다. 통로를 사이에 두고 물통은 화덕을 마주보고 있는데, 몸을 돌리면 한 번에 닿을 수 있도록 배치해 혼자 작업하기 용이한 동선이다.

사무 및 휴게공간

대장간 안쪽에 단차를 두어 사무 및 휴게공간을 두었다. 서류 작업, 결재, 탈의 등을 할 수 있고, 싱크대가 있어 간단한 조리와 식사가 가능하도록 하였다.

업무 흐름 및 작업 동선

제작 및 가공 의뢰 고객 방문 시 동선

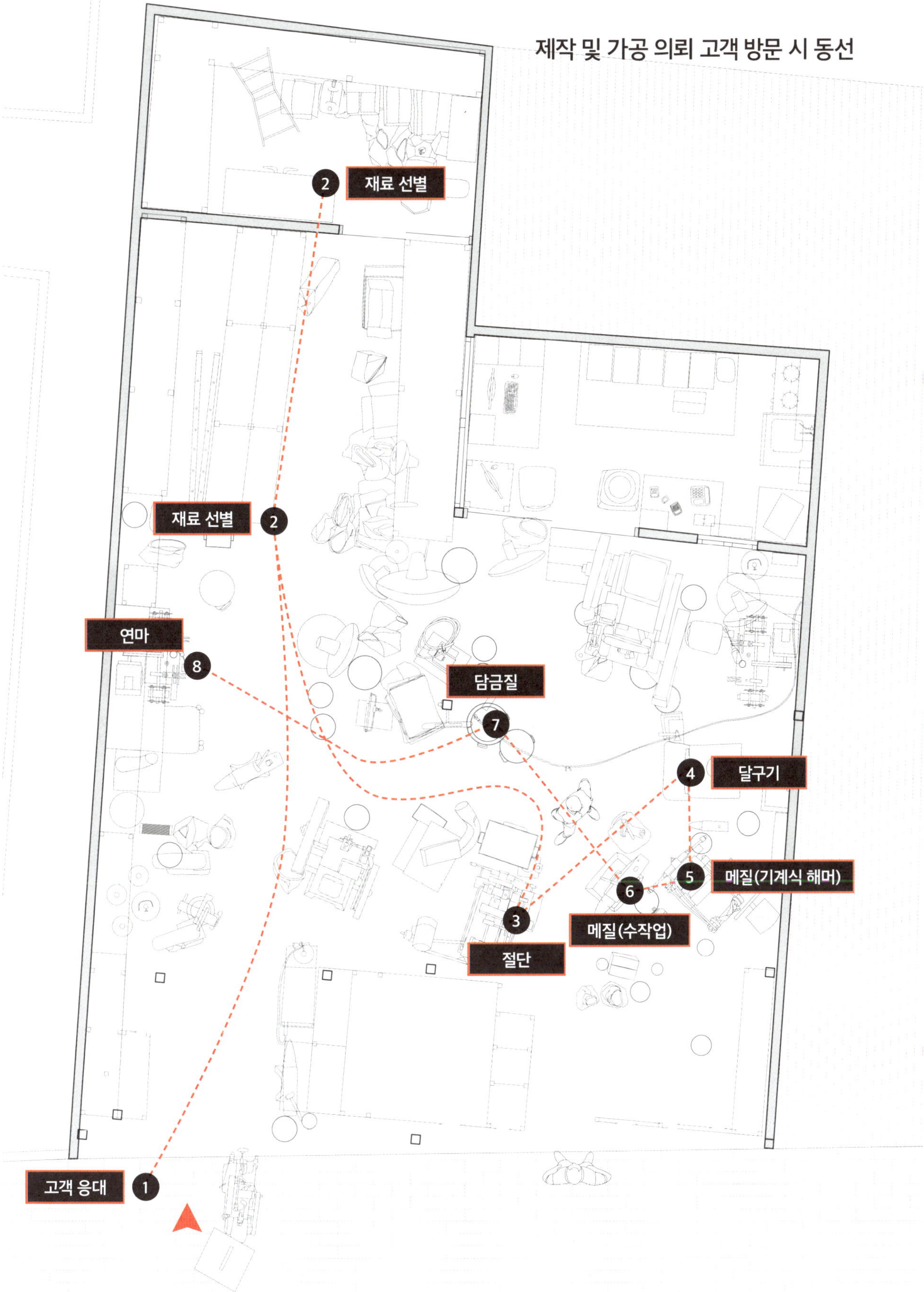

한 칸에서 두 칸으로

동광대장간의 입주 초기에는 도로측 입면 기준으로 오른쪽 절반 공간만 대장간이었다. 출입구에서 사무공간까지 직선 통로를 둔 일자형 공간이었는데, 이후 현재 출입구 및 보조 작업 공간, 창고로 연결되는 영역과 합쳐지면서 현재 크기의 공간으로 확장되었다. 과거에는 오른쪽으로 출입이 가능했으나, 지금은 재료가 바닥에 쌓여 있어 다소 접근이 쉽지 않다. 현재와 같은 확장이 이루어지기 전에는 주 출입구로 활용되었음을 짐작할 수 있다.

수납

동광대장간에서는 안쪽에 제품 저장 공간과 전시 공간 상부에 수납 공간을 두어 공간을 효율적으로 활용하고 있다. 여기에는 자주 사용하지 않는 부속 기계장치와 도구, 재료가 보관되어 있다. 다락 공간으로 인해 천장이 낮아져 연기나 열기가 원활하게 배출되지 못하는 경향이 있다.

환기

화덕의 굴뚝 외에도 열기를 배출하는 환기장치가 화덕 주변에 설치되어 있다. 천장을 두어 열기가 잘 빠져나갈 수 있도록 하였으며, 실내 공간 벽면 상부에 환기가 가능한 창을 곳곳에 두어 환기창 역할을 하고 있다.

휴게공간

동광대장간은 실내에 별도의 사무 및 휴게공간을 두고 있다. 한쪽 면에는 가스렌지가 있는 싱크대와 냉장고를 두어 간단한 식사가 가능하도록 하였다.

배수

작업 과정에서 탈락하는 금속 박피 등 찌꺼기를 거를 수 있는 거름망이 있다. 담금질에 필수적인 물과 기름 등이 넘치면 바로 배수구로 흘러가도록 되어 있다.

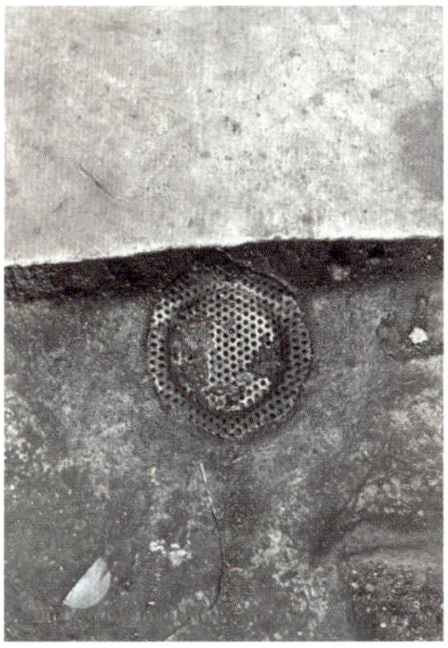

대장간 필수품, 선풍기

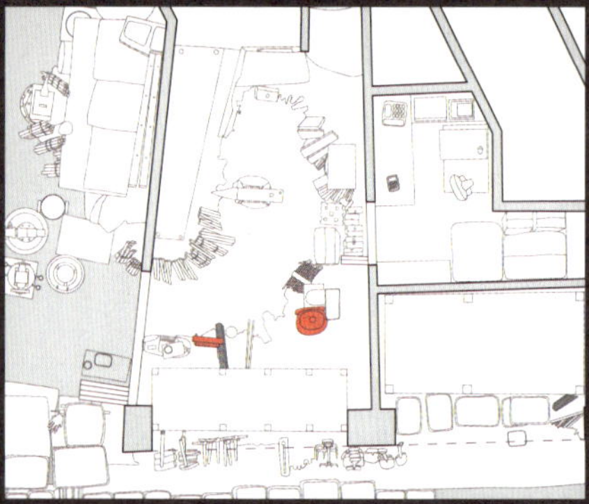

불광대장간

선풍기 대수	면적	선풍기 1대당 면적
2	11.5㎡	5.75㎡

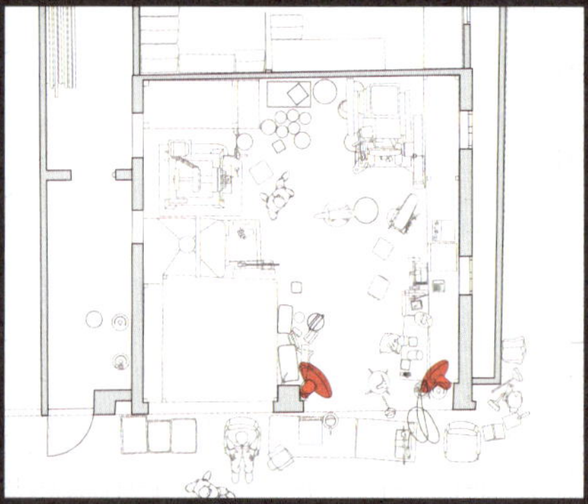

형제대장간

선풍기 대수	면적	선풍기 1대당 면적
2	28㎡	14㎡

동광대장간

선풍기 대수	면적	선풍기 1대당 면적
5	67㎡	13.4㎡

대장간 바닥

대장간은 무거운 금속을 취급하기 때문에 대개 바닥을 별도의 마감 없이 콘크리트 그대로 사용한다. 동광대장간의 사무실은 기존 목재 합판 위에 장판으로 바닥을 마감했다. 현재는 자주 드나드는 길목을 따라 장판이 오려낸 듯 떨어져 나갔고, 합판이 드러나 여러 층을 보여준다. 신발에 묻은 금속 먼지와 찌꺼기 등이 바닥을 어떻게 자극하는지 고스란히 보여주는 예시라고 하겠다.

전화벨

동광대장간에는 전화벨로 화재 경보용 경종이 울린다. 기계식 해머가 내는 소음이 굉장하기 때문에 이와는 차별된 경종을 벨소리로 채택하였다.

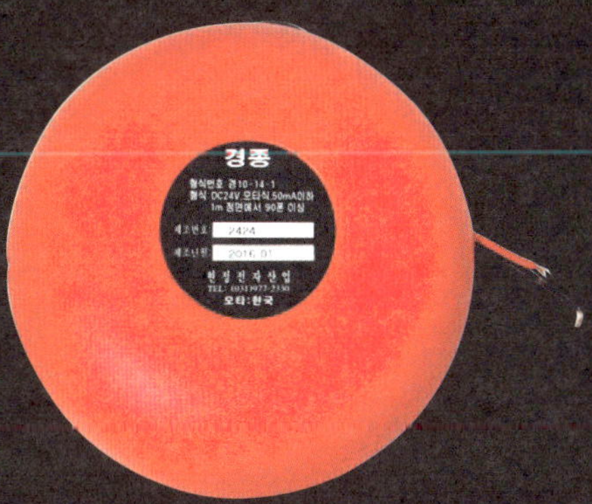

서울의 대장간

PART 03

서울의 대장간 도구, 재료, 제작 방식

서울의 대장간 도구

대장간의 도구는 화덕, 풀무, 모루, 물통, 숫돌, 망치, 집게가 가장 기초적이면서도 필수적인 도구이다. 이 도구들은 풀무가 송풍기로 대체되었다는 점과 화덕의 외형이 변했다는 것을 제외하면 전통적인 기능을 그대로 유지한 채 현재까지 이어져 내려 오고 있다. 현대사회에서는 대장장이와 보조자로 구성된 소규모 대장간이 대부분이기 때문에 기계식 해머, 탁상 드릴, 프레스 등의 기계설비가 더 필요하게 되었다.

1-1 화덕

화덕은 단조작업을 위해 쇠를 달구는 데에 쓰이는 화로다. 대장간의 모든 작업은 쇠를 달구는 것에서부터 시작한다. 그러기에 화덕은 대장간에서 가장 기초가 되는 설비라 할 수 있다. 화덕은 가반식可搬式 화덕, 벽돌 화덕, 주철鑄鐵제 화덕 등이 있으며, 대장장이가 주로 작업하는 용도에 따라 직접 만드는 경우가 보편적이다. 서울미래유산으로 지정된 4곳의 대장간은 모두 벽돌 화덕을 사용하고 있다.

불광대장간은 초기에 나무 궤짝에 진흙을 발라 만든 이동식 화덕을 사용하였고, 2021년에 남양주시로 이전한 동광대장간은 새로 대장간을 꾸미면서 철제 화덕으로 교체하였다. 동명대장간은 화덕 뒤쪽을 개방할 수 있도록 변형해 길이가 길거나, 큰 도구를 만들 수 있도록 하였다.

△ 일제강점기 함남영흥 대장간 | 출처: 국립중앙박물관

▷ 형제대장간 화덕

BLACKSMITHS IN SEOUL

화덕에서 쇠를 달구는 부분은 움푹 파여 화구(火丘) 아래쪽에 기둥 모양으로 난 공간을 통해 송풍기에서 전달된 바람이 들어오는 구조를 하고 있다. 화덕을 만들 때 제일 중요한 것은 화구에 바람이 잘 나오게 하는 것이다. 화덕에서 타고 남은 재는 화구 아래쪽에 난 공간으로 빠지게 되는데, 수시로 재를 빼내지 않으면 화덕에 공기 순환이 원활하지 못해 화력을 유지할 수 없기 때문이다.

불광대장간 화덕
화구 양쪽에 내화벽돌을 쌓았다.

불광대장간 건물 후면에 난 재 배출구

✦ 화덕 만들 때 썼던 벽돌은 귀해서 일본 사람들이 쓰던 폐 벽돌을 주워 다가 화덕을 만들기도 했어요. 흙은 황토로 썼는데 그냥 퍼다가 이겨서 썼어요. 황토에 짚 같은 것을 썰어서 한 부대씩 넣고, 물 붓고 저은 다음 발로 한나절을 밟아서 만들었어요. 진흙은 그냥 두면 부풀어 터지니까 짚을 썰어서 넣고 두세 명이 들어가서 같이 이기면 찰흙처럼 돼서 옛날 학교에서 쓰던 찰흙같이 돼요. 그럼 진흙이 터지지 않으니까 벽돌 쌓은 거에 발라서 썼어요.
화덕 만들 때는 화덕 구멍들이 서로 잘 맞아야 하고, 그 밑으로는 재가 내려가니까 재 받는 통을 잘 맞춰야 해요. 재 받는 통의 높이는 크게 상관없는데 통이 높으면 바람이 세게 나오고 재를 자주 안 파내도 되고, 낮으면 자주 파내야 하는데 그건 만드는 사람 마음이에요.
리어카 화덕도 붙박이처럼 만드는데 사과 궤짝에 만들었어요. 궤짝에 흙을 채우고 그 안에 동그란 깡통을 넣었어요. 그리고 구멍을 뚫어서 재 빼는 데 하고 또 한쪽 구멍은 바람이 들어가게 만들어놨어요. 궤짝에 흙을 가득 실어 놓으니까 혼자는 못 들고 꼭 둘이서 들었어요.

박경원(남, 1938년생), 2021. 9. 9. 조사.

✦ 제일 중요한 건 바람이 잘 나오게 하는 게 좋아요. 재가 빠지는 구멍하고 풀무가 들어가는 구멍을 잘 맞춰서 바람이 적절하게 올라올 수 있도록 만들어야 해요. 재 받는 곳을 너무 얇게 하면 바람이 너무 쎄서 탄을 받치는 쇠가 녹아버리니까

적당한 높이로 만들어야 해요. 우리 대장간 화덕은 재 빼는 곳이 뒤에 있어요. 평소에는 막아 놨다가 일주일에 한 번씩 청소할 때 열어서 청소해요.

박경원(남, 1938년생), 2021. 10. 18. 조사.

동명대장간의 화덕 후면
동명대장간은 화덕 뒤쪽이 개방되는 구조로 되어 있어 길이가 긴 물건을 만들거나, 탄을 채워 넣을 때 편리하다.

불이 직접 닿는 화구 좌우에는 황토(진흙)에 굵은 모래나 짚을 섞어 두둑과 같은 모양을 만들어 열을 가둔다. 최근에는 황토를 대신해 내화벽돌을 사용하는 것이 일반적이다. 하지만 내화벽돌이 고가(高價)이기 때문에 내화벽돌에 황토를 덧발라 내구성을 높이거나, 보수하여 사용한다.

✦ 옛날에는 내화벽돌이 없었어요. 없어 가지고 진흙에 굵은 왕사(王砂)같은 거 넣고 계속 다져 가지고 발라서 쓰고 그랬어요. 지금은 뭐 내화벽돌이 나오니까 그걸 쓰는데 옛날에는 다 며칠마다 수리했어요. 그런데 이제는 일주일이면 일주일마다 한 번씩 수리해서 쓰고 그러죠.

류상준(남, 1953년생), 2021. 9. 29. 조사.

형제대장간 화덕 내부
쇠를 달구는 화구 주변에 내화벽돌을 쌓고 황토를 발랐다.

동명대장간의 화덕

△ 동명대장간의 화덕 오른쪽 아래 재 배출구

▽ 동명대장간의 화덕 재 배출구

동광대장간(전농동)의 화덕

1-2 풀무 송풍기

풀무는 대장간에서 쇠를 달구거나 녹이기 위하여 화덕에 뜨거운 공기를 불어 넣는 기구이다. 풀무 손잡이를 잡아당기면 흡입구를 통하여 공기가 들어가고, 손잡이를 밀면 압축된 공기가 풍로를 따라 화덕으로 들어간다. 이처럼 밀고 당기는 작업을 반복함으로써 화덕의 불 온도를 조절하게 되는 것이다.

풀무에는 크게 두 가지 방식이 있는데 하나는 손잡이를 밀고 당기는 손풀무[橫式]이고, 다른 하나는 발로 밟아서 바람을 내는 발풀무[縱式]이다. 손풀무는 크기가 중형·소형으로서 소규모 대장간이나 금속공예품을 만드는 장인들이 주로 사용했으며, 발풀무는 쟁기를 만드는 큰 대장간이나 대규모 공사장의 임시대장간에서 사용하였다.[01]

현대에는 수작업으로 진행되었던 풀무질을 송풍기가 대신하고 있다. 때문에 전통적인 대장간 인력 구성에서 풀무잡이가 탈락하는 원인이 되었다.

풀무

BLACKSMITHS IN SEOUL

01 한국학중앙연구원, 『한국민족문화대백과』, 「풀무」

김홍도 풍속도 대장간 | 출처: 국립중앙박물관

1970~1980년대 흔히 '후황'이라 불리는 송풍기가 생겨나면서 풀무와 풀무꾼의 역할을 대체하게 되었다. 대장간마다 화덕의 모양이 각양각색인 만큼 송풍기의 위치도 다르게 설치되어 있다. 오른손잡이가 대다수이기 때문에 오른손으로 쇠를 달구고, 왼손으로 송풍기를 조절하기 쉽도록 대체로 화덕의 왼편에 설치되어 있는 경우가 많다.

✦ 미국 사람들이 차에 엔진이 뜨거우면 후황(송풍기, fan) 불어서 막 식혀주잖아요. 그걸 청계천 그런 데 가서 사다가 쓰고 그랬어요. 그때 그거 많이 나왔었는데 그게 아주 좋아요. 그런데 지금은 우리나라에서 후황이 만들어져서 나오니까 그걸 쓰게 되었어요. 그러니까 사람이 하나 필요 없잖아요. 그냥 불만 만져주고 풀무잡이가 풀무를 불지 않은지 한 4~50년 돼요.

박경원(남, 1938년생), 2021. 9. 9. 조사.

✦ 15~16살 때 모래내대장간에서 풀무질을 했어요. 그러다가 잠깐 모래내대장간을 관두고 다시 돌아오니까 모래내대장간 스승님이 후황(송풍기, fan)을 쓰고 있어서 그때 처음 봤어요. 후황(송풍기)도 기계식 해머랑 비슷한 시기에 나와서 한 1980년대에 나왔던 것 같아요.

류상준(남, 1953년생), 2021. 9. 28. 조사.

△ 형제대장간의 송풍기

▽ 동명대장간의 송풍기

1-3 모루

모루는 크게 전통(조선)모루와 (서)양모루로 구분된다. 현재 대장간에서 보편적으로 쓰는 모루는 양모루가 지배적이다. 불광대장간과 형제대장간에서는 전통모루를 구비하고 있으나 양모루를 주로 사용한다. 전통모루는 우리나라 전근대 시기부터 사용되었고, 양모루는 일제강점기 이후 우리나라에 들어왔다. 배 모양을 한 양모루와 달리 전통모루는 원기둥 또는 사각기둥 모양으로 단조롭다. 전통모루와 양모루는 다른 모양새만큼 각각의 특징을 지니고 있다. 전통모루가 쇠를 늘리는 데 용이한 반면, 양모루는 쇠의 모양을 여러 가지 방법으로 성형하는데 특화되어 있다. 이 때문에 전통 연장인 낫, 호미, 쇠스랑 등을 만들 때는 전통모루를 선호하고, 구부리고 꺾는 등 복잡한 현대식 기물을 제작할 때에는 양모루를 사용하는 것이 효과적이다.

△ **김득신 풍속도에 보이는 전통모루** | 출처: 간송미술문화재단

▽ **동광대장간(남양주)의 양모루**
모루 받침을 철제로 제작하였다. 동광대장간의 양모루는 1977년 이흔집이 다른 대장간에서 사용했던 것을 구입한 것이다.

BLACKSMITHS IN SEOUL

불광대장간의 양모루

불광대장간의 전통모루

철제 사탕 용기에 모루를 끼워넣고, 화분 안쪽은 콘크리트를 채워 움직이지 않도록 하였다.

△ **형제대장간의 기계식 해머용 전통모루**

▽ **형제대장간의 전통모루**

△ **동광대장간(남양주)의 전통모루**

전통모루의 단점을 보완하기 위해 옆쪽에 쇠를 구부리는 등의 작업을 할 수 있도록 구조물을 달았다.

▽ **형제대장간의 양모루(113kg)**

전통모루와 양모루의 차이를 비교하기 위해선 모루의 외형과 그 기능을 짚고 넘어갈 필요가 있다. 형태부터 살펴보면 양모루의 허리 위에 있는 작업면과 뒤축 뿔을 몸체(body)라 한다. 작업면에서 대장장이는 달군 쇠의 단련 작업을 하는데 전통모루와 달리 직사각형의 평평한 모양을 하고 있다. 양모루의 몸체에는 사각형 홈과 동그란 홈이 있는데 사각 홈은 연장 삽입 구멍(hardy), 동그란 홈은 가공 구멍(pritchel hole)이다. 대장간에서는 연장의 기능 부분을 제작할 때 이곳을 사용한다. 연장 삽입 구멍은 탭(tap)이나 정을 삽입하여 달군 쇠를 절단하거나 모양을 잡거나, 구부릴 때 사용한다. 동광대장간의 양모루는 탭이 꽂혀 있는 형태인데 이러한 탭은 사이에 달군 쇠막대를 넣어 원하는 방향으로 힘을 실어 쇠를 구부릴 때 사용한다. 가공 구멍은 달굴 쇠의 구멍을 뚫을 때 사용한다. 달군 쇠를 가공 구멍 위에 올린 뒤 구멍정으로 때리면 뒷부분이 볼록하게 튀어나오는데 반대로 쇠를 뒤집어 볼록 튀어나온 부분을 때리면 쇠에 구멍이 뚫린다.

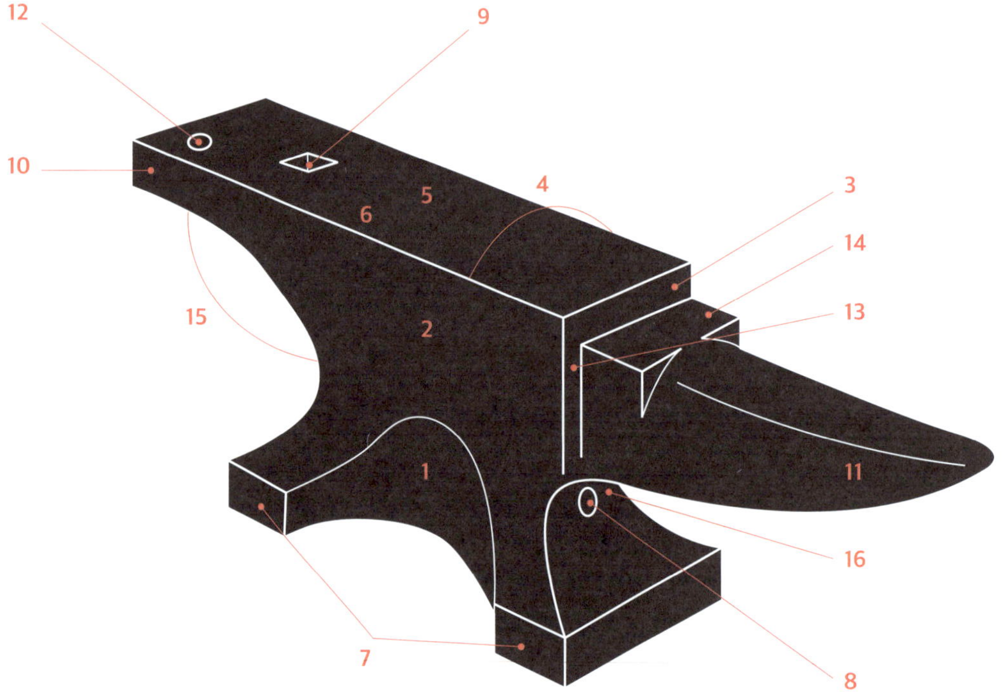

양모루의 부분별 명칭과 용도[02]

1
베이스
base

모루 허리 아래의
모든 부분

2
몸체
body

허리 위에 있는
모루 부분

작업면과 뒤축, 뿔을
포함한다.

3
드롭
drop

작업면에서
테이블까지의 공간

자재를 구부릴 때
이용한다.

4
가장자리
edge

작업면의 경계

곧은 가장자리는 90도 또는
그보다 예각으로 자재를
구부릴 때 이용한다.

5
작업면
face

바닥에 평행한
모루의 주요 부분

모루에서 가장 흔히 쓰이는
부분으로 메질로 쇠를 넓게
펴거나 다듬을 때 사용한다.

6
면판
face plate

모루의 작업면에 용접되어
있는 경화 강철판

두께는 대개 ¼~¾인치
(0.3~2cm)이다.

7
발 또는 다리
feet or legs

베이스에서 바깥으로
튀어나온 네 모서리

8
손잡이 구멍
handling holes

모루의 허리나 발에
위치한 구멍

둥근 모양과
정사각 모양이 있다.

9
연장 삽입 구멍
hardy or hardy hole

모루의 꼬리에 위치한
정사각형의 구멍

탭이나 정 같은
여러 가지 모루 연장들을
고정시키는데 사용한다.

10
뒤축 또는 꼬리
heel or tail

모루의 작업면이
연장된 돌출부

뿔의 반대쪽에 있다.
뒤축의 윗면은 작업면의 일부
분이며, 연장삽입구멍과 가공
구멍이 위치해 있기도 한다.
90도 이상으로 자재를 구부
리고 싶을 때 이용한다.

11
뿔 또는 부리
hone or beak

테이블 근처에서 연장된
원뿔 모양의 연질 돌출부

구부러진 모양을
만들 때 사용한다.

12
가공 구멍
pritchel hole

모루의 꼬리에 있는
둥근 모양의 구멍

구멍을 뚫을 때
사용한다.

13
어깨
shoulder

허리 위와 작업면
아래의 영역

14
테이블 또는 치핑블록
table or chipping block

모루의 뿔과 작업면 사이에
위치해 있는 직사각형
모양의 면

작업면과 비슷한 기능을
하지만 정으로 자재를
자를 때 사용한다.

15
목
throat

뿔과 발, 그리고
뒤축과 밭 사이의 영역

16
허리
waist

몸체와 베이스
사이의 영역

02 로렐라이 심즈 저·이혜성 역, 『뒤뜰의 대장장이』, 들녘, 2018, 27쪽

화덕의 경우처럼 모루의 받침도 대장장이가 선호하는 형태에 따라 만든다. 그렇기에 모양이 제각각이다. 동명대장간은 나무 받침대 위에 쇠사슬과 못 등을 이용해 고정하였고, 동광대장간은 쇠로 된 받침을 제작해 사용하고 있다. 하지만 양모루 허리 아랫부분(base)에 있는 곡선형 쇠틀(bracket)은 모든 양모루 설비에서 보이는 공통점이다. 이 쇠틀은 모루가 받침대에서 벗어나지 않게 하는 역할을 한다. 현재 서울의 대장간에서 전통모루보다 양모루가 더 많이 사용되는 이유는 전통모루의 장점인 쇠를 늘리는 작업을 기계식 해머가 대체하고 쇠의 모양을 잡거나 다듬는 역할을 양모루가 전담하고 있기 때문이다.

동명대장간의 양모루

✦ 조선모루(전통모루)로 작업하면 모루가 볼록해서 그 위에 쇠를 두고 때리면 쇠가 쭉쭉 늘어나서 작업할 때 용이해요. 그래서 농기구나 낫 같은 걸 만들 때 조선모루(전통모루)가 편해요. 이제는 쇠를 늘릴 때 기계 망치가 대신하고 양모루에서 다듬는 거죠. 양모루는 평평해서 쇠가 조선모루(전통모루)만큼 잘 늘어나지 않아요. 그래서 주로 기계로 쇠를 늘리고, 다듬을 때 쓰는 거예요. 양모루 끝 뿔은 잘 안 써요. 외국에서 쇠를 동그랗게 말 때 썼던 것 같은데 우리는 쓸 일이 별로 없고, 직접 때려서 동그랗게 만드는 편이에요. 반대편의 홈(연장 삽입 구멍)은 가다(연장)를 꽂는 거예요. 그리고 양모루의 각진 부분에 달군 쇠를 쳐서 물건을 구부리기도 해요.

류상준(남, 1953년생), 2021. 9. 28. 조사.

✦ 조선모루(전통모루)는 산 지 한 40년 되었는데 자주 쓰지 않으니까 오래 쓰고 있어요. 요새는 그래도 쓰려고 콘크리트를 넣어서 만들었어요. 조선모루(전통모루)는 주로 칼이나 농기구 만들 때 쓰기 좋아요. 조선모루(전통모루)는 둥글고 넓어서 쇠가 쫙쫙 늘어나요. 연장 만들 때는 양모루가 좋아요. 조선모루(전통모루)는 구부리거나 모양 쇠(양모루에 있는 홈에 꽂아 사용하는 연장)를 꽂을 수가 없어서 연장 만들 때는 양모루를 써요.

박경원(남, 1938년생), 2021. 9. 9. 조사.

1-4 물통

물통은 쇠를 달궈 담금질할 때 사용한다. 담금질이란 쇠를 급랭시켜 경도를 강하게 만드는 기술이므로 물통은 대장장이의 주변에 배치해야 할 뿐 아니라, 계속하여 찬물을 보급할 수 있는 수리시설이 닿는 곳에 있어야 한다. 물통은 화덕, 모루와 함께 작업의 효율을 높이도록 배치한다. 대체적으로 모루와 가까운 곳에 두어 모루에서 다듬은 연장을 바로 담금질 할 수 있게 한다.

물통은 물을 담는 용도로 쓰이기 때문에 대장간에 따라 크기와 모양이 다양하다. 용도에 따라 물이 들어 있는 물통 안에 크기별 물통을 겹쳐 놓거나, 물을 퍼낼 수 있는 바가지를 넣어 사용한다.

동광대장간(남양주)의 기름통

BLACKSMITHS IN SEOUL

동광대장간(전농동)의 물동 기계식 해머로 단조한 쇠말뚝을 물동에 넣어 담금실 하고 있다.

동명대장간의 경우 물통에 수도가 연결되어 있어 물을 틀어 사용하지만, 일반적인 대장간은 개방적 구조를 하고 있어 겨울철 동파 문제 등으로 내부에 수도시설을 갖추지 않은 곳이 많다. 이 때문에 큰 물통에 물을 많이 받아 놓고 사용한다.

✦ 물통은 물을 떠와서 구비하고 있어요. 원래는 수리시설이 있었는데 겨울만 되면 얼어 터지니까 그냥 없애버리고, 물을 받아와서 쓰고 있어요.

박상범(남, 1969년생), 2021. 10. 18. 조사.

동명대장간 화덕 아래 위치한 기름(윤활유)통

▽ 동명대장간의 물통

물통 옆에 수도가 연결되어 있다.

형제대장간의 기름통

형제대장간의 물통

모루 바로 옆에 물통이 자리하고 있다.

1-5 집게

집게는 달군 쇠를 고정, 운반할 때 사용한다. 주로 달군 쇠를 모루 위에 올려놓고 고정할 때 사용하는데 만들려는 도구에 따라 집게의 굴곡이 알맞아야 고정하기 편리하다. 집게 주둥이는 용도에 따라 여러 가지 모양을 하고 있으며 집게의 길이도 제각각이다. 크게는 납작한 자재나 정사각형 자재, 원형의 자재를 잡는 모양의 집게로 구분할 수 있다. 집게의 길이는 성인의 팔 길이 정도인데, 뜨거운 불에서 달군 쇠를 꺼내야하기 때문이다. 부집게, 채집게, 동금집게, 납작집게, 가위집게, 벙어리집게, 각집게, 방울집게 등이 있다.

△ **형제대장간의 집게 걸이**

▷ **동광대장간(전농동)의 집게 걸이**
화덕 왼쪽에 다양한 집게가 걸려 있다.

BLACKSMITHS IN SEOUL

✦ 집게 종류가 많은 건 쇠의 크기나 모양에 따라 잡는 게 다르기 때문에 손잡이나 쇠를 잡는 부분이 달라서에요. 손님이 새로운 물건을 만들어 달라고 하면 그에 맞게 집게를 만들어서 잡아야 하니까 집게의 종류가 많아지게 되었어요.

강단호(남, 1980년생), 2021. 5. 6. 조사.

형제대장간의 다양한 집게 주둥이

자재를 집게로 잡았을 때 집게의 손잡이가 너무 크게 벌어지지 않고 단단히 쥘 수 있는 집게를 사용해야 메질을 효과적으로 할 수 있다. 집게잡이가 신속 정확하게 집게를 돌려서 모루정 등으로 타격점을 지시하면 메질꾼이 쇠메를 내리친다. 이런 원리는 기계식 해머를 이용한 작업에서도 마찬가지로 적용된다.

형제대장간의 집게

✦ 메질할 때 앞에서 쇠를 잡는 사람도 중요한데 반듯하게, 빠르게 대 줘야 해요. 그렇지 않으면 메를 치지 못해요. 그리고 물건에 알맞은 집게를 가지고 잘 돌려줘야 해요. 기계식 해머에서 쇠를 잡을 때는 바닥에 똑바로 대고 때려야 하고, 식은 걸 때리면 쇠가 튀어버리니까 식기 전에 얼른 쇠를 쳐야 해요. 그리고 쇠를 잡을 때 도구의 각이 잘 나오도록 알맞게 돌려서 한쪽으로만 납작해지지 않게 만들어야 해요.

류상준(남, 1953년생), 2021. 9. 29. 조사.

불광대장간의 집게

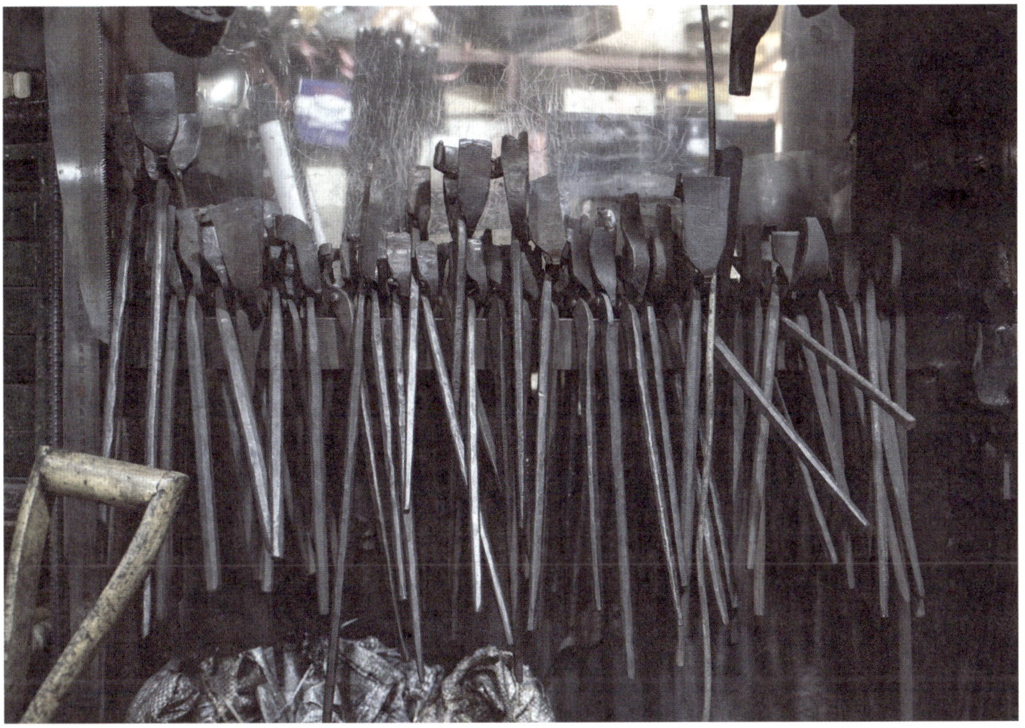

△ 동명대장간의 집게 걸이
▽ 동광대장간(남양주)의 집게 걸이

1-6 숫돌

숫돌은 대장간에서 생산되는 날 도구의 날을 세울 때 사용한다. 과거에는 날 도구의 모양을 만든 뒤 줄[03]로 날의 모양을 잡고, 숫돌을 통해 날을 세웠다. 현재는 줄을 대신해 연마기(그라인더, grinder)를 사용한다. 하지만 날 세우기의 마무리를 숫돌로 하는 것은 변함이 없다.

숫돌은 입도粒度의 차이에 따라 종류를 구분한다. 현장에서는 입도를 '방'이라 지칭한다. 입도의 정도에 따라 400방부터 10000방 이상의 숫돌이 있다. 방의 크기가 작을수록 숫돌의 입자가 크고, 숫돌을 구성하는 석물의 입자 수가 적다는 것을 의미한다. 반면 방의 크기가 클수록 숫돌의 입자가 작고, 숫돌을 구성하는 석물의 입자 수가 많다는 것을 의미한다. 숫돌의 종류가 다양한 만큼 대장간에서 사용하는 숫돌도 다양하다. 연마기로 날의 기본 모양을 만들면 1000~3000방의 숫돌로 마무리하는 것이 일반적이다.

동명대장간의 숫돌

BLACKSMITHS IN SEOUL

03 표면에 많은 절삭 날이 있는 공구이다. 절삭 날을 이용해 공작물의 표면을 용도에 맞게 깎아 내는데 사용한다.

동명대장간의 연마 공간

연마기 바로 위에 숫돌을 놓아 동선을 최소화하여 작업의 연속성을 높였다.

✦ 칼 가는 거 배우는데 그라인더(연마기, grinder)가 없으니까 줄로 한 번 갈고 숫돌로 갈았어요. 칼 갈 때는 선배들이 먼저 줄로 쇠 표면을 벗기면 숫돌에 갈았어요.

류상준(남, 1953년생), 2021. 3. 16. 조사.

✦ 숫돌도 종류가 있는데 거친 거는 빨리 갈 때 써요. 그러다가 고운 걸로 마무리 하는 거예요. 요즘은 세상이 좋아져서 그라인더(연마기)로 어느 정도 갈고, 날을 세워서 숫돌로 마무리하고 있어요. 숫돌 종류는 거친 정도에 따라 300방 1000방 이런 식으로 불리는데, 우리는 300방으로 갈고 1000방이나 3000방 숫돌로 마무리해요. 3000방으로 마무리하면 입자가 고와서 칼을 보면 거울처럼 얼굴이 비쳐요.

류상남(남, 1956년생), 2021. 9. 29. 조사.

불광대장간의 숫돌

연마 작업은 움직임 없이 한 자리에 머물며 진행되기 때문에 다른 작업자들의 이동이 빈번한 화덕, 모루, 물통 근처에 있지 않고 대장간 외부에 별도의 공간을 마련하는 경우가 많다. 숫돌 작업대는 작업자의 허리 높이로 설치하는데, 낫과 같이 날을 세워서 갈아야 하는 도구를 연마하기 위해서는 작업대가 너무 낮으면 자루가 바닥에 닿아 불편하기 때문이다.

불광대장간의 연마 공간 대장간 외부 공간에 파라솔로 그늘을 만들고 성인 허리 높이의 플라스틱 통 위에 숫돌을 올려 작업대로 사용한다.

형제대장간의 숫돌 작업 공간
대장간 바깥쪽 길가에 작업대를 만들어
숫돌을 올려 사용한다.

세운 칼 날 점검
잘 갈린 칼을 머리카락에 갖다 대면 머리카락이
잘릴 정도가 된다.

△ 형제대장간의 숫돌과 물통
▽ 연마기를 이용한 날 갈기

1-7 망치·쇠메

대장간에서 사용하는 망치는 대장장이가 용도에 따라 직접 제작해 사용하기 때문에 대장간마다 수십 가지의 망치를 소유하고 있다. 대장간의 망치는 단조 망치와 망치형 정으로 구분할 수 있다. 단조 망치는 철을 두드리기 위한 용도로 크기에 따라 쇠메와 벼림 망치로 나뉜다. 쇠메는 기다란 나무 손잡이 끝에 금속 덩어리가 달린 도구이다. 대장간 마다 모양의 차이는 있으며 용도에 따라 메의 무게가 달라진다. 힘이 더 많이 필요한 작업일수록 메의 무게가 올라가고 보다 세밀한 작업이 필요할 때는 메의 무게가 가벼워진다. 벼림 망치는 쇠메에 비해 망치머리가 작고 가벼우며, 손잡이가 짧다. 한 손에 잡히는 크기의 벼림 망치는 주로 형태나 모양을 다듬거나 정교하게 마무리 할 때 사용하는 활용도가 가장 높은 망치이다.[04]

BLACKSMITHS IN SEOUL

△ 동광대장간의 구멍정과 날정, 다듬 망치

▽ 불광대장간의 단조 망치와 다듬 망치

대장간에서 철물을 만드는데 사용하는 연장으로
다듬 망치, 날정, 구멍정, 벼림 망치, 모루정 등이 있다.

04 안명선·사공영애, 『대장장(당진)』, 충청남도·충청남도역사문화연구원, 2020, 80~84쪽.

△ 형제대장간의 다듬 망치
▽ 불광대장간 모루 측면에 쌓여 있는 각종 망치

망치형 정은 단독으로 사용하지 못한다. 쇠 위에 망치형 정을 대고 쇠메로 쳐서 사용하기 때문에 두 사람의 협업이 필수적이다. 망치형 정은 용도에 따라서 날정과 구멍정으로 나눌 수 있다. 날정은 망치의 한쪽 면에 날이 서 있는데, 쇠를 자르거나 가를 때 쓴다. 구멍정은 쇠에 구멍을 낼 때 사용하는데 원형 구멍정과 사각 구멍정이 있다.[04] 현장에서는 구멍정을 '펀치' 또는 '뽄찌'라고 부른다.

✦ 망치는 모두 대장간에서 자급자족해요. 물건을 만들 때 힘을 많이 줘야 하면 망치가 커야 하고, 만들려는 도구가 작으면 작은 망치를 사용해요. 만드는 것의 용도에 따라서 망치의 무게가 좌우돼요.

박상범(남, 1969년생), 2021. 6. 17.

형제대장간의 쇠메

형제대장간에서 모루정의 뒤편을 쇠메로 내려치는 모습

1-8 기계식 해머

기계식 해머는 상하운동을 하며 달군 쇠를 두드리는 소리 때문에 '딸딸이'라고도 불린다. 기계식 해머는 상단에 쇠메 역할을 하는 부속을 끼우고, 하단에 모루를 놓아 페달을 밟아 작동하기 때문에 대장장이가 혼자서 작업을 할 수 있게 하는 중요한 기계 설비다. 기계식 해머에 달린 메는 삽입하고 교체할 수 있어 용도와 상황에 맞게 대장장이가 선택해 사용한다.

기계식 해머는 1950년대 후반부터 우리나라에 보급되어 1980년대 보편화 되었다. 일본에서 들여온 기계식 해머는 지방에 먼저 도입되었고, 이후 서울로 기계가 보급된 것으로 보인다. 지방의 대장간들은 1970년대에 기계식 해머를 사용한 반면, 서울의 대장간에서는 1980년대에 접어들어야 기계를 사용하는 양상이 나타난다.[05]

△ 형제대장간의 기계식 해머

▷ 동광대장간의 기계식 해머

동광대장간의 기계식 해머는 1983년부터 사용하고 있다.

BLACKSMITHS IN SEOUL

05 정연학, 「한국 대장간의 문화」, 『생활문물연구』 22, 국립민속박물관, 2008, 59쪽;
이승형, 「대장간 운영의 전통 약화와 새로운 대응 : 상주시 홍영두씨의 대장간을 중심으로」, 안동대학교 대학원 석사학위 논문, 2012, 45쪽.

✦ (1950년대 후반에) 기계 해머(기계식 해머)는 제가 다니던 제일공작소에만 있었어요. 다 손으로 메질했는데 시골 가니까 집집마다 하나씩 있어서 하나를 들여온 거예요. 기계식 해머를 가져 왔는데 호미나 칼 같은 것은 만들기 편한데 하겐노(석공 망치)나 곡괭이 같은 것은 어차피 사람이 해야 해서 잘 안 썼어요. 기계로 구멍 뚫을 때도 어디는 넓고 어디는 좁아서 형편이 없었어요. 근데 지금은 천천히 때리는 걸 많이 만들어서 모두 기계를 놓고 하고 있죠.

박경원(남, 1938년생), 2021. 9. 9. 조사.

동명대장간 기계식 해머

✦ 기계(기계식 해머)도 암사동(대장간) 그만 두고 남의 대장간에서 일 할 때 처음 봤어요. 그때가 1981년도쯤인 것 같아요. 당시만 해도 신당동에는 전부 기계식 해머가 있었어요. 그런데 우리는 조선모루(전통모루)로 일을 배웠었고, 다른 대장간에 일하러 가보니까 기계식 해머를 쓰고 있더라고요.

류상준(남, 1953년생), 2021. 9. 29. 조사.

✦ 1982년도에 대구에서 쓰던 일제 기계(기계식 해머)를 중고로 들여왔어요. 기계(기계식 해머)가 들어온 뒤에는 기계(기계식 해머)가 메질하니까 (고생이) 덜한 편이에요. 그 전 30년 동안은 손으로 메질을 했어요. 지금은 기계식 해머의 뼈대 빼고는 두들기는 거 전부 고쳐가며 쓰고 있어요. 부속은 선반(旋盤)집에 맡겨서 깎아오면 제가 직접 조립해서 고쳐 쓰고 있어요. 기계 모루는 포클레인으로 땅을 파서 내 키만큼 콘크리트를 부어 고정해 놨어요.

강영기(남, 1951년생), 2021. 10. 27. 조사.

기계식 해머의 보급은 대장간의 인적 구성과 도구 사용에 큰 변화를 가져왔다. 먼저 대장간에서 가장 큰 노동력을 제공했던 메질꾼이 필요 없어지면서 인적 구성에 변화가 생겼다. 현재 기계를 도입한 대장간에는 전담 메질꾼을 찾아 볼 수 없다. 더이상 대장간에서 3~4명의 메질꾼을 고용할 필요가 없어진 것이다. 대장간의 주요한 기술자였던 메질꾼이 사라지면서 대장간에서 상메질꾼, 하메질꾼으로 구성되던 질서체계가 대장장이와 보조자로 단순화되었다. 이로써 대장간의 노동력과 인건비 절감을 실현할 수 있게 되었다. 하지만 메질꾼이 없어지면서 전근대부터 전해내려온 '돌려치기'도 찾아볼 수 없어졌다.

✦ 메질꾼은 상메질꾼과 하메질꾼이 있는데 배운 지 일 년 밖에 안 되면 하메질꾼이었어요. 상메질꾼은 대장장이의 오른쪽에서 메를 치고, 경력이 낮을수록 대장장이의 왼쪽에 서서 메질을 했어요. 그 이유는 오른쪽에서 메를 돌려치기 편하니까 경력자를 가장 오른쪽에 서 있게 했어요. 그 수도 두 명일 때도 있고, 세 명일 때도 있는데 상메질꾼이 대장장이의 지시를 따라 메질을 하면 그 뒤로 메질꾼들이 메질을 했어요.

박경원(남, 1938년생), 2021. 9. 9. 조사.

동명대장간의 기계식 해머 작업

✦ 초보들은 처음부터 돌려 치는 것을 할 수 없어요. 함마(쇠메)를 때리다가 빗겨 때리면 반동이 엄청 세서 사람이 튕겨나가요. 그래서 조금 경력이 있는 사람만 돌려서 칠 수 있어요. 초보 때부터 조금씩 연습해 보다가 그 다음부터 하는 거예요. 그래서 옛날에는 여럿이 서서 돌려 치는데 잘못 때리면 메끼리 부딪쳐서 싸울 수 있어요. 그래서 계속된 연습이 필요해요. 요새는 기계식 해머가 있어서 돌려 칠 필요가 없고, 망치질 그렇게 가르쳤다간 죄다 도망가요. 지금도 해보니까 할 수는 있는데 숨이 차서 오랫동안 때리질 못해요.

류상준(남, 1953년생), 2021. 9. 29. 조사.

대장간 도구의 사용면에서는 주로 쇠를 늘리는 데 사용하던 전통모루의 쓰임이 줄었다. 전통모루를 사용하지 않고 기계식 해머를 이용해 쇠를 늘리는 것이 더 수월하기 때문이다. 기계식 해머의 도입으로 메질을 하는 기본적인 작업대였던 모루는 쇠를 구부리거나 구멍을 뚫는 것과 같이 다듬는 용도로 그 역할이 축소되었다.

동광대장간(남양주) 기계식 해머

✦ 대장간에 조선모루(전통모루)도 있는데 필요할 때 꺼내서 써요. 조선모루(전통모루)를 안 쓸 때는 기계식 해머에 부속품을 조선모루(전통모루)식으로 만든 것이 있는 데 그것을 껴서 사용해요. 그래서 평소에는 장소가 좁기 때문에 조선모루(전통모루)는 창고에 보관해요.

류상남(남, 1956년생), 2021. 9. 29. 조사.

대장간에서는 완제품으로 기계식 해머를 구입하는 것이 아니라, 대개 직접 제작하고 조립하는 방식을 취한다. 관련 업체에서 파는 기계식 해머의 가격이 비쌀 뿐더러 기계가 고장 나면 작업에 직접적인 영향을 미치기 때문에 기계식 해머를 소유한 대장장이는 기계의 작동 원리를 알고 능숙하게 수리 또는 조립을 할 수 있는 기술을 보유하고 있다.

✦ 다른 대장간에서 기계식 해머를 만지다 보니까 기계 원리를 알게 되었고, 형제대장간 차릴 때 그것을 바탕으로 기계식 해머를 만든 거예요. 기계식 해머를 만들 때는 부품 같은 거 모두 선반(旋盤)집에 주문해서 만들어 오고, 모터는 따로 샀어요. 그 다음 부품이랑 모터를 제가 조립해서 만든 거예요. 당시 백 몇 십만 원 줬던 것 같아요. 기계식 해머를 파는 사람도 있긴 한데 너무 비싸서 다들 만들어서 쓰는 편이에요. 대장간에 있는 기계식 해머는 대장장이가 직접 만드는 경우가 많아요. 그렇지 않으면 고장 났을 때 사람 부르고 그거 기다리면 일을 못해요.

류상준(남, 1953년생), 2021. 9. 29. 조사.

형제대장간 대장장이의 기계식 해머 수리

기계식 해머에 기름칠

기계식 해머를 들인 후 대장장이는 그간 배운 단련 기술을 바탕으로 기계식 해머를 익힌다. 기계식 해머의 원리는 모터가 탑재된 상층부의 해머 추가 왕복활동을 하면서 하단에 고정된 모루를 때리는 방식이다. 기계식 해머의 상층부는 하층부의 모루가 설비되면 그 위에 씌우는 방식으로 설치한다. 하층부의 모루는 그 크기에 맞게 땅을 파내고, 빈 공간에 모루를 넣은 뒤 콘크리트를 타설하여 고정한다. 기계식 해머는 보편적으로 오른쪽에 페달이 있으며, 페달을 밟는 세기에 따라 해머 추가 왕복 운동할 때 강약을 조절한다. 상층부의 해머 추는 용도에 따라 알맞은 모양의 해머로 변경할 수 있다.

✦ 처음에는 메질로 기술을 배웠으니까 기계(기계식 해머)가 낯설었어요. 그래서 익숙해지려고 혼자 연습을 많이 했어요. 기계(기계식 해머)를 할 때 세게 때릴 때랑 약하게 때릴 때랑 강약 조절이 필요해요. 기계 옆에는 발로 강도를 조절하는 페달이 있어요. 원리는 자동차 엑셀이랑 똑같이 세게 밟으면 세게 치고, 약하게 밟으면 약하게 치는 거예요.

류상준(남, 1953년생), 2021. 9. 29. 조사.

기계식 해머를 이용한 단조

1-9 프레스·탁상 드릴

현대 대장간에서는 기계식 해머 외에도 몇 가지 기계 설비를 갖추고 있다. 그 중 프레스는 쇠를 자르거나 구부릴 때 사용하고, 탁상 드릴은 쇠나 자루에 구멍을 뚫을 때 사용한다. 프레스나 탁상 드릴이 수행하는 작업은 과거 모루 위에서 하던 작업으로 이러한 기계들이 들어오면서 대장간의 팔방미인이었던 모루의 기능은 대폭 축소되었다.

동광대장간(전농동)의 프레스

BLACKSMITHS IN SEOUL

동명대장간의 탁상 드릴

✦ 프레스는 형제대장간 차린 다음에 뭐 자르고, 구부릴 때 편할 것 같아서 들였어요. 중고로 샀는데 청계천 7가인가 8가인가에 가면 이런 기계를 파는 곳이 많아서 거기서 사왔어요. 그래서 대장간에 있는 기계 중 제일 막내예요.

류상준(남, 1953년생), 2021. 9. 29. 조사.

✦ 탁상 드릴은 한 40년 되었는데 처음 산 이후 아직까지 쓰고 있어요. 어떤 기계 하던 사람이 기계를 샀다가 필요가 없어졌다고 해서 5천 원 주고 샀어요. 원래 안 사려고 했는데 사서 놓으니까 잘 쓰고 있어요.

박경원(남, 1938년생), 2021. 9. 9. 조사.

형제대장간의 프레스 작업

도로 경계석을 드는 데 사용하는 연장을 만들기 위해 프레스를 이용해 일정하게 단조한 쇠의 양끝을 구부리는 작업 모습이다.

형제대장간의 프레스

2 서울의 대장간 재료

대장간에서 물건을 만들어낼 때 사용하는 주요 재료는 쇠, 탄, 자루다. 그 밖에 대장간에서 사용하는 자재는 단접을 할 때 사용하는 붕사, 화덕을 관리하는데 쓰이는 진흙과 벽돌 등이 있다. 붕사는 대장간에서 생산하는 물품과 관련된 자재이며, 진흙과 벽돌 등은 대장간 운영상 필요하거나 특수 생산품을 제작할 필요한 자재이다.

2-1 쇠[철]

쇠는 대장간에서 물건을 만들기 위해 기본이 되는 재료이다. 쇠를 구분하는 용어와 그 종류는 다양하지만 대장간에서 쓰이는 철은 강철이라 할 수 있다.[06] 쇠를 취급하는 업체들은 그 종류를 강도에 따라 구분하여 지칭한다. 하지만 대장간의 경우 과거 쇠를 취득하던 방식이 투영된 까닭인지 쇠를 판스프링, 철도 레일과 같이 물품의 이름으로 지칭하거나 강종의 대표명칭으로 부르는 경우가 대부분이다. 다양한 쇠의 종류 중에서도 대장간에서는 제품에 따라 적합한 강도와 연성을 고려해 최적의 쇠를 선택한다.

동광대장간(전농동)의 자재 선반

BLACKSMITHS IN SEOUL

06 철은 보통 탄소의 양을 기준으로 강과 주철로 나눈다. 탄소의 양이 2% 이하이면 강, 2%이상이면 주철로 구분된다. 대장간에서 농기구를 비롯한 철은 대부분이 강으로 사용된다.(국립중앙과학관과학기술사연구실, 『전통과학기술조사연구 대장간, 옹기, 기와』 2, 1994.)

✦ 쇠는 좋은 쇠, 나쁜 쇠가 아니라, 강한 쇠, 안 강한 쇠가 있는 거죠. 그에 따라 강한 쇠가 필요하면 강한 쇠를 쓰고, 약한 쇠가 필요하면 약한 쇠를 쓰는 거예요. 아까 손님이 왔을 때 그분한테 용도를 물어보는 게 궁금해서 물어보는 게 아니에요. 그에 맞는 용도의 쇠를 써야 하니까 말하는 거예요.

류상남(남, 1956년생), 2021. 7. 7. 조사.

✦ 쇠는 우리가 필요한 강종이나 재질에 따라 업체로부터 받아요. 저 쇠는 스프링 강인데 9254예요. 일반적으로 45CC, CM 4종 같은 거는 많이 있는데 우리가 쓰는 특수강은 보다 강한 쇠예요. 그래서 광산에서 쓰는 노미대(정)로 만드는 건데 옛날에는 물건이 많았지만 동그란 쇠를 육각으로 만드는 공법이 바뀌어서 최하 주문 단위가 25톤이래요. 그래서 개당 2100원인가 얼마에 25톤 뽑았어요. 그랬더니 부가세까지 6천만 원 정도 들었어요. 이 쇠는 주로 빠루(배척, claw bar)를 만드는데 강도가 세서 빠루(배척)가 휘지 않아요.

류상남(남, 1956년생), 2021. 5. 12. 조사.

✦ 철을 전문적으로 파는 곳이 있어요. 저희 대장간에서는 철근으로 주로 말뚝 같은 걸 만들고, 스프링 강으로는 신호대(철사 결속봉), 작두, 정글도 같은 걸 만들어요. 기차 레일은 기와집 지을 때 쓰는 와도(瓦刀), 도끼 같은 것을 만들고, SK 11종은 칼날 같은 거 만들 때 주로 써요. 1차 철강제조업인 포항 제철 같은 곳에서 중간 상인한테 물건을 납품하면 제가 무슨 철강 이런 곳에서 가격을 비교해 보고 구매하는 편이에요. 주로 을지로, 영등포에 있는데 영등포가 더 싼 편이에요.

이일웅(남, 1978년생), 2021. 4. 1. 조사.

현재 대장간에서는 대부분 규격화된 쇠를 업체를 통해 납품받는다. 하지만 제철산업이 발달하지 않았던 과거에는 주변의 고철을 활용하거나 고물상에서 구해온 쇠를 다듬어 도구를 생산해 냈다. 1968년에 포항제철주식회사(현 포스코)가 출범한 이후 우리나라에서 규격화 된 철이 보급되었다. 이로써 대장간들은 고물상을 통해 고철을 공급받는 대신 제철소에서 생산하는 신철(新鐵)을 공급받게 되었다. 신철(新鐵)은 고물상이 파는 철과 달리 양질의 철이고, 원하는 강종을 지정해 구매할 수 있을뿐더러 알맞은 크기로 재단해서 판매하는 까닭에 작업이 수월해졌다.

✦ 옛날에는 고물상마다 돌아다니며 쇠를 사는 사람들이 있었어요. 그렇게 모은 쇠를 자전거에 싣고 와서 우리 대장간에 파는 사람이 있었어요. 우리가 무슨 쇠 달라고 하면 그 사람도 무슨 쇠가 좋다는 걸 알아서 사오면 우린 그걸 사서 썼어요. 물론 우리도 쇠를 계속 써오던 거라 어디서 나온 쇠가 좋은 쇠고, 강한 쇠고, 무른 쇠인지 알고 있었어요. 이때는 지금 신철(新鐵)처럼 쇠가 작업하기 편하게 잘려 오는 것이 아니라 모두 다듬어서 사용하니까 시간도 오래 걸리고 작업하는 것도 더 힘들었어요. 당시는 자동차 스프링 같은 건 많이 안 쓰고, 갈비철이라고 미군부대에서 나오는 철을 쓰기도 하고, 105미리(105mm) 포탄 안전핀을 사용하기도 했어요. 갈비철은 쇠가 구부러져 있는데 그걸 전부 펴서 가래를 만들기도 하고, 105미리(105mm) 포탄 안전핀은 쇠가 엄청 좋아서 칼도 만들고 낫도 만들고 그랬어요.

류상준(남, 1953년생), 2021. 9. 29. 조사.

✦ 재료 살 때 고물상을 이용했는데 상암동, 천호동, 문래동에 있는 고물상에 이용했어요. 특히 마포구 상암동은 땅이 엄청 싸서 고물상이 많았어요. 고물상은 버리는 쇠를 다른 곳에 팔면 몇 백 원인데 우리가 사 면 두 배는 쳐 주니까 서로 좋은 거죠. 고물상에선 주로 자동차 스프링 같은 것을 사는데 농

기구를 많이 만들었어요.

류상남(남, 1956년생), 2021. 6. 11. 조사.

✦ 이제는 고물상하고 거래하지 않아요. 예전에는 돈이 없어서 물건을 많이 쌓아놓을 수 없고, 자재를 쌓아 놓는 곳도 없었어요. 지금은 전화만 하면 알맞게 잘라서 가져다 주니까 고물상을 이용하고 있지 않아요.

류상준(남, 1953년생), 2021. 9. 29. 조사.

형제대장간 창고에 쌓여 있는 각종 쇠

종류별 쇠가 알맞은 크기로 재단되어 있다.

2-2 탄炭

대장간에서 탄은 쇠를 달구기 위해 필요한 화력을 뜻한다. 전통적으로 대장간에서는 숯이라 불리는 목탄을 연료로 사용하였다. 하지만 숯은 단가가 비싸고 화력이 약해서 쇠가 잘 익지 않는 단점이 있었다. 1960년대 이후에는 유연탄瀝青炭을 연소하여 매연을 비롯한 유해물질이 제거된 골탄骨炭(cokes)[07]을 사용하였다. 그 후 비교적 저렴한 무연탄이 보급되면서 지금에 이르고 있다.

△ 불광대장간의 탄

▷ 동명대장간 화덕 안쪽에서 건조 중인 탄

BLACKSMITHS IN SEOUL

07 골탄(骨炭, cokes)은 정제한 석탄을 가리키는 용어이다. 이것은 황과 그 밖의 불순물이 석탄에서 타서 없어지면 생성되는 다공질의 잔여물이다. 골탄(骨炭, cokes)은 훌륭한 열 공급원으로 아주 깨끗하게 탄다. 골탄(骨炭, cokes)은 탄소와 잔류하는 재가 융합한 것인데 역청탄이 불에 타서 회색으로 보일 때 만들어진다.
(로렐라리 심스, 『뒤뜰의 대장장의』, 들녘, 2018, 71쪽.)

✦ 처음에는 숯을 썼어요. 근데 숯은 비싸고, 화력이 약해서 일도 오래 걸리고 타산도 덜 남았어요. 그래서 견노(겐노, 석공 망치)같이 굵은 것들을 달구려면 쇠가 익지 않았어요.

박경원(남, 1938년생), 2021. 10. 18. 조사.

✦ 옛날에는 숯을 썼다고 했는데 나는 안 써 봤고, 코크스(骨炭, cokes)라는 탄을 써 봤어요. 코크스(骨炭, cokes)는 화력도 좋고 연기, 먼지 안 나서 좋은데 너무 비싸고 판매하지도 않아요. 그래서 쓰지 못하게 되었어요. 기차에 석탄을 사용하면 탄 잔해가 남는데 그걸 보고 코크스(骨炭, cokes)라 그랬어요. 그때는 그거를 골라내서 파는 사람이 있었는데 그 사람한테 그걸 구해서 사용했어요. 그 이후에는 괴탄(塊炭, 무연탄)을 쓰고 있어요.

류상준(남, 1953년생), 2021. 9. 29. 조사.

대장간에서 사용하는 탄의 변천은 우리나라의 광공업 발전사와 맞닿아 있다. 남북분단 이후 북한 지역에서 생산하던 석탄 공급이 끊기면서 나무 연료의 가치가 높아졌다. 한때 석탄의 대응책으로 유연탄을 태워 만든 골탄(骨炭,

석탄의 등급

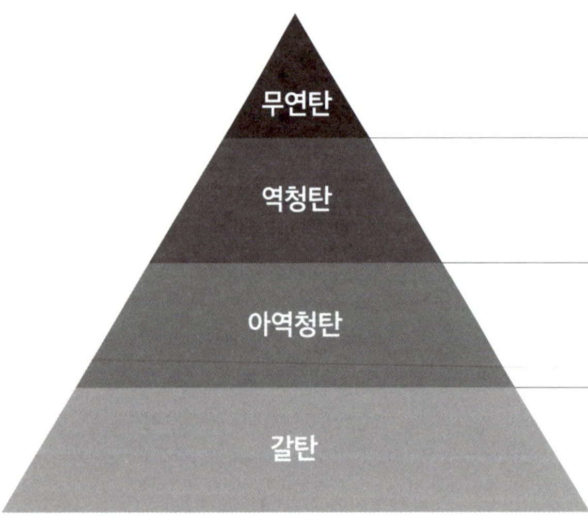

탄소 함유량이 가장 높으며,
수분과 회분의 함유량이 가장 낮다.

수분이 매우 적으며 발열량이 높다.
골탄(骨炭, cokes)을 생산하는데 사용한다.

외관은 흐린 검정색이고,
갈탄보다 수분이 적다.

많은 양의 수분과 회분을 함유하고 있으며
잘 부스러진다. 네 가지 석탄의 종류 중에서
갈탄이 탄소 함유량과 발열량이 가장 낮다.

cokes)이 사용되었다. 우리나라에서는 유연탄이 생산되지 않기 때문에 유연탄을 기반으로 한 골탄(骨炭, cokes)의 단가는 높을 수밖에 없었다.[08] 1950년대 후반부터 1960년대까지 광공업이 발전하면서 삼척탄광, 문경탄광과 같은 대형 탄광들이 발전하였다. 1956년에 182만 톤에 그쳤던 무연탄 생산량이 1161만 톤까지 치솟으면서[09] 비로소 대장간에 무연탄이 안정적으로 보급되기 시작하였다.

✦ 숯 이후에는 코크스(骨炭, cokes)라는 탄을 썼는데 석탄을 한 번 떼고 남은 것들이에요. 그걸 우리가 가져다 썼어요. 그 이후에는 삼척탄광 하던 영감이 을지로7가에 있을 때 괴탄(塊炭, 무연탄)을 권해서 썼는데, 코크스(骨炭, cokes)는 비싼데 이건 싸니까 너무 좋았어요. 코크스(骨炭, cokes)는 많이 들어가야 하는데 괴탄(塊炭, 무연탄)은 헤프지가 않았어요. 그리고 불이 오래가서 좋아요. 그 전에는 숯을 넣어도 푹푹 꺼지니까 탄을 계속 넣어야 해서 일을 못 봐요. 그래서 그 영감이 다시 왔을 때 전화번호를 줘서 동대문구 이문동이나 영등포에 있는 사람들한테 괴탄(塊炭, 무연탄)을 받아썼어요.

박경원(남, 1938년생), 2021. 10. 18. 조사.

무연탄은 점화점이 높아 발화되는 것은 오래 걸리지만 한 번 발화되면 일정한 온도를 유지한다.[10] 이러한 특성 때문에 무연탄은 대장간에서 사용하기에 최적화된 연료로 채택되어 현재까지도 두루 사용되고 있다. 하지만 자루에 담아 놓았던 무연탄을 불 위에 바로 올리면 불순물 배출이 많아지고 그 불순물은 화덕 아래에 위치한 풍구를 막는다. 그 까닭에 대장간에서는 화덕 안쪽에 무연탄을 미리 넣어 열기로 수분을 날려 건조시킨 뒤 사용한다. 탄은 생산된 지역의 지질 환경에 따라 특징이 다르게 나타난다. 좋은 탄과 나쁜 탄을 구분하는 것은 탄을 연소한 뒤 남는 재의 양으로 확인하는데, 좋은 탄은 재의 양의 적고 나쁜 탄은 재의 양이 많다.

✦ 탄을 쓸 때는 불 피우는 곳 한편에 탄을 말렸다가

08 대한석탄공사, 『대한석탄공사 50년사』, 2001, 588쪽.
09 대한석탄공사, 『대한석탄공사 50년사』, 2001, 84쪽.
10 정선군청, 『정선군 석탄 산업사 : 1948 - 2004』, 2005, 5쪽.

사용해야 해요. 그렇지 않으면 탄이 센 불에 들어갔을 때 '타다닥' 튀어요. 그래서 열을 올리지도 못하고 가루가 되어 버리니까 불 옆에서 말렸다가 화력을 올릴 때 센 불 위에 올려놓고 사용해요.

류상준(남, 1953년생), 2021. 9. 29. 조사.

탄 가루 거르기
동명대장간에서는 자체 제작한 체를 이용해 탄가루를 거르고 덩어리로 된 탄만 화덕에 넣어준다.

✦ 탄은 그때그때 필요하면 넣어요. 안 좋은 탄들은 떡진 것처럼 뭉치는데 이게 송풍구를 막으니까 솎아 내야 해요. 탄이 젖어 있으면 특히 뭉치는데, 말리기 위해서 화덕 구석에 넣어서 말려요. 이렇게 바싹 마른 탄은 불을 피울 때 쓰고 있어요.

강단호(남, 1980년생), 2021. 7. 6. 조사.

✦ 탄도 지역에 따라 달라요. 문경탄은 삼척탄 보다 덜 튀어서 질이 좋았어요. 탄이 땅에서 나오니까 지역마다 차이가 있었어요.

박경원(남, 1938년생), 2021. 10. 18. 조사.

✦ 좋은 탄은 하루 종일 일해도 재가 적고, 나쁜 탄은 몇 시간 만에 재가 꽉 차서 불이 안 올라오니까 다시 피워야 해요. 재는 탄이 타고나면 화덕 아랫부분으로 떨어져요. 재가 꽉 차면 바람이 올라오지 않으니까 긁어내서 파줘야 해요.

류상남(남, 1956년생), 2021. 5. 12. 조사.

부지깽이(긁개)를 이용해 재를 빼내는 모습
형제대장간에서는 탄이 타고 난 재와 찌꺼기를 화덕 하단에 연결된 파이프를 통해 빼낸다.

우리나라는 1980년대 이후 연료 전환 정책을 전개하면서 정부 주도로 석탄연료를 가스 에너지로 대체해 나갔다. 1980년 후반에는 국내 탄광들이 폐광하며 1988년에 347개였던 탄광이 1996년에는 11개로 축소되었고, 6만 여명의 근로자가 1만 여명으로 줄었다. 이 영향으로 대장간에서 사용되던 국산 탄은 점차 수입 탄으로 대체되었다.

형제대장간의 부삽과 부지깽이(긁개)

형제대장간에서 탄을 넣는데 쓰는 삽이다.
구멍을 뚫어 탄가루를 빼는 체의 역할을 겸하게 제작하였다.
화덕 안의 탄을 긁어모으거나 펼치기 위한 부지깽이를
형제대장간에서는 '긁개'라고 부른다.

✦ 탄은 옛날에 강원도에서 들어오는 탄을 썼는데 이제는 우리나라에 탄광이 다 없어져서. 중국산을 들여왔어요. 근데 워낙 탄이 안 좋아요. 그래서 지금은 베트남산 쓰는데 그래도 괜찮아요. 탄에 흙 성분이 많으면 좋은 탄이 아니에요. 연소 재료 함량이 높아야 좋은 탄인데 좋지 않은 탄은 화력이 없고 똥이 금방차서 안 좋은 탄은 걸러 내요. 똥이 금방차면 송풍기에서 올라오는 바람을 막으니까 화덕에 바람이 잘 안 올라와요. 그래서 좋은 탄은 한 포대를 쓰면 재가 한 삽 정도 나오는데 안 좋은 탄은 한 포대에 2~4삽까지 나와요. 그게 탄을 캐는 곳이 좋지 못하면 이물질이 많이 섞인 탄이 나오는 거예요.

류상남(남, 1956년생), 2021. 7. 7. 조사.

불광대장간의 부지깽이(긁개)

△ **형제대장간의 화덕 재 배출구**

부지깽이(긁개)로 배출구 안을 긁어내자 화덕 보수에 쓰였던 황토와 재가 쏟아져 나온다.

▽ **탄 찌꺼기**

2-3 자루

대장간에서 생산하는 도구의 손잡이를 만드는 데 쓰인다. 자루는 나무자루, 금속자루로 나눌 수 있는데 대장간에서 나무로 된 자루를 보편적으로 사용한다.

자루에 쓰인 나무는 소나무, 물푸레나무, 버드나무 등이다. 소나무는 잘 쪼개지지 않고 진액이 나와 쇠가 빠지지 않는 장점이 있다. 물푸레나무는 나무가 곧고 질겨서 자루로 쓰기 적절하고, 버드나무는 일반 나무들 보다 물러서 자루를 박기가 편하다.

형제대장간의 망치류 자루

BLACKSMITHS IN SEOUL

불광대장간 자루
1m 길이의 나무를 구입해 크기에 맞게 잘라 사용한다.

✦ 나무는 옛날에 좋은 것이 많았어요. 동해 같은 데서 물푸레나무 중에 쫙쫙 올라온 그런 것을 베어다가 쓰면 부러지지 않고, 아주 좋아요. 낫자루 같은 것은 버드나무보다 무른 나무로 했어요. 당시는 자루에 구멍을 뚫을 수 없으니까 그냥 생으로 박아야 해서 버드나무 같이 무른 나무에 낫을 박았어요.

박경원(남, 1938년생), 2021. 6. 11. 조사.

✦ 칼자루는 소나무를 주로 써요. 잘 갈라지지 않아서 좋아요.

강영기(남, 1951년생), 2021. 5. 6. 조사.

✦ 옛날에는 자루로 소나무를 사용했는데 소나무에서는 진이 나와서 쇠가 빠지지 않았어요.

류상남(남, 1953년생), 2021. 9. 29. 조사.

손으로 칼자루를 깎는 모습
출처: 유튜브 봉쥬르헬로 - 53년 대장장이 장인의 칼 제작 손놀림, 프랑스가 놀랐다.(2019. 6. 21.)

과거 나무자루는 모두 손으로 직접 원목을 자르고, 모양에 맞게 깎아 만들었다. 하지만 현재 대장간에서 사용하는 나무자루는 주로 전문 업체에서 공급받는다. 대장간에서 상황에 따라 도구별 자루를 주문 제작하기도 하고, 1차 가공한 나무를 구입해 직접 용도에 맞게 변형시키기도 한다. 나무자루는 표면이 깨끗하고 곧을수록 질이 좋고, 표면이 터져 있거나 구부러짐이 심할수록 질이 나쁜 것으로 친다. 구입한 자루는 통풍이 잘되고 비를 맞지 않는 곳에 뉘여서 보관한다. 이는 습기에 의해 나무가 변형되거나 썩는 것을 방지하기 위함이다.

✦ 나무를 업으로 하시는 분들이 있는데 그분들한테서 괜찮은 걸로 골라오는 편이예요. 일단 자루로 써야 하니까 꼿꼿해야 하고 자루 옆이 터진 게 없어야 해요. 안 좋은 것은 구부러진 건데 그걸 '파치'라 해요. 그때그때 필요하면 사와요. 나무는 보관할 때 세워 놓지 않고 평평한데 눕혀서 통풍 잘되는 곳에 보관해요. 세워 놓으면 나무가 100% 말려 놓은 것이 아니라서 휘니까 평평한데 눕혀 놓고 보관해야 해요.

박상범(남, 1969년생), 2021. 6. 17.

✦ 나무는 춘천에서 와요. 그때그때 필요한 자루를 보내달라고 하면 보내줘요. 자루가 오면 나무자루에 조임쇠(댕기)까지 다 끼워져서 와요. 호미 자루는 한번 들어오면 3400개, 망치는 2000개, 낫은 500개 이런식으로 들어와요.

류상남(남, 1956년생), 2021. 5. 12., 2021. 7. 7. 조사.

괭이 낫과 자루를 연결하기 위해 피스를 박는 모습

국산 나무 공급 감소와 단가 등의 이유로 대장간에서는 수입산 나무자루를 사용하고 있다. 하지만 기존에 사용하던 국산 나무와 달리 수입산 나무는 잘 쪼개져서 자루에 연장을 고정하기 어려운 문제가 있었다. 그래서 대장간에서는 나무자루에 쇠를 효과적으로 고정할 수 있는 방법을 고안하였다. 초창기에는 여러 가지 방법이 시도되었다. 낫자루 심지에 구멍을 내고 박은 뒤 대략의 위치에 못을 박기도 하고, 그마저도 어렵다면 쇠에 헝겊을 싸서 적신 다음 녹이 슬게 해 자루와 쇠를 고정하기도 하였다.

✦ 지금은 자루에 쇠를 박은 다음 피스(나사못)로 한 번에 뚫어 버리는 데 옛날에는 한 번에 못하니까 낫을 뽑은 다음 구멍을 만들었어요. 그 다음 자루에 박고 그걸 감으로 맞춰서 피스(나사못)를 박았어요. 더 옛날에는 그냥 박아서 썼는데 산에 나무 치다가 자루가 쑥 빠지면 거기에 헝겊을 감아서 박고 물을 부은 다음 녹이 나게 해서 쓰고 그랬어요.

박경원(남, 1938년생), 2021. 9. 9. 조사.

동명대장간의 낫에 감긴 댕기

자루를 더욱 단단하게 고정하기 위해 연장의 쇠 심지(슴베)를 자루 밑까지 빼내 구부려 마감을 하는 방식이 고안되었다. 하지만 자루가 긴 도구는 심지를 끝까지 박아 빼내는 게 너무 어려웠다. 그래서 사용된 것이 댕기(당개미)다. 댕기를 처음 도입했을 때는 가는 쇠를 나무자루의 상단 끝 부분에 말아 마무리하였다. 이 방식으로 자루가 쪼개지거나 갈라지며 자루와 쇠가 헐거워지는 것을 방지할 수 있었다. 하지만 자루 끝에 쇠를 마는 방식은 사용자에게 불편할 수 있었고, 만드는 방식도 번거로웠다. 그래서 이를 보완해 현재는 나무자루와 연장 연결부에 금속 마개 모양의 마감을 하고 있다. 현재 사용되는 방식은 과거의 댕기와 모습은 다르지만, 기능이 같아 동일하게 '댕기'라 부른다.

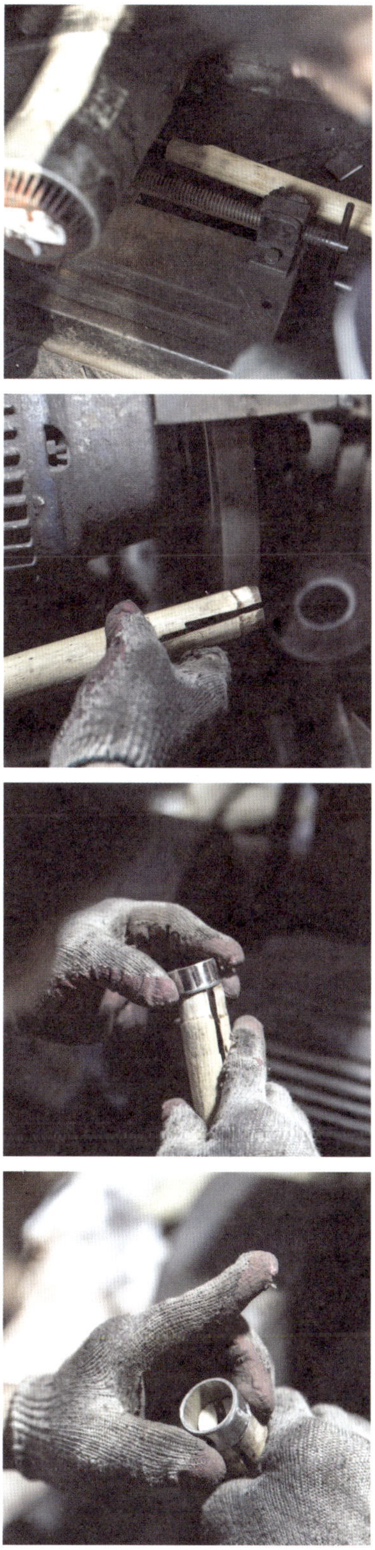

현대식 댕기로 자루를 만드는 모습

✦ 심지 구부리는 건 호미 자루처럼 짧은 자루에 할 때 구부려요. 자루가 길면 낄 수가 없어요. 끝에 구부리는 건 낫이 빠지지 말라고 하는 건데 낫 슴베(심지)를 길게 해서 자루에 끼운 다음 빠지지 않게 구부려요. 자루에 고정하는 당개미(댕기)는 지금처럼 없으니까 쇠 양쪽을 뽑은 다음 자루에 말아서 낫자루처럼 힘 받는 자루에 말았어요. 자루에 달군 쇠를 놓고 쳐서 안 빠지게 끼는 거죠.

박경원(남, 1938년생), 2021. 9. 9. 조사.

✦ 자루 끝에 쇠를 나오게 해서 구부린 다음 자루가 빠지지 않게 했어요. 댕기는 본래 안 썼어요. 소나무 자루는 괜찮은데 일반 자루들을 나무가 쪼개지니까 쪼개지지 말라고 댕기를 씌운 거예요. 처음에는 댕기를 철을 말아서 썼는데, 그렇게 하면 (사용자가) 손이 아프니까 15년 전부터 자루 끝에 댕기를 프레스로 눌러서 나온 자루를 쓰게 되었어요. 댕기는 댕기머리 묶을 때처럼 자루에 감는다고 해서 댕기라 불러요.

류상남(남, 1953년생), 2021. 9. 29. 조사.

2-4 황토진흙·붕사

현대사회는 제철 산업의 발달로 일상에서 철을 쉽게 구할 수 있지만 철이 귀하던 시절 대장간의 수리 업무는 중요한 기능 중 하나였다. 수리는 크게 두 가지로 나눌 수 있는데 날을 세우는 것과 날이 닳아 없어져 새 날을 다는 것이었다. 크게 보았을 때 전자와 후자 모두 수리라 할 수 있지만 전자의 경우 '벼림', 후자의 경우 '날달이'라 구분해 부른다. 날달이 작업은 사전적 용어로 '접쇠接釗'라 하는데 이 작업을 할 때 진흙이나 붕사를 사용한다.

접쇠의 기본적인 원리는 달군 쇠를 이어 붙이는 것이다. 요즘은 용접기를 이용해 접쇠가 용이해졌지만, 용접기를 사용하기 이전에는 황토 또는 진흙을 이용해 접쇠를 하였다. 현재도 한옥의 문고리 등을 제작할 때는 전통적인 방식으로 접쇠해 쇠를 이은 흔적 없이 만들어낸다.

붕사와 진흙은 접쇠면의 이물질을 제거하여 접쇠를 원활하게 하는 역할을 한다. 접쇠에 쓰이는 자재에 따라 방식의 차이가 나타나는데, 진흙은 접쇠 부분 모두에 바른 뒤 쇠를 달궈 접쇠 부분을 두들겨 이어 붙인다. 붕사의 경우 달군 쇠의 접쇠면에 붕사를 뿌린 뒤 망치로 두들겨 접쇠면을 닿게 하고, 다시 달군 다음 쇠를 메질해 붙인다. 전통적으로 접쇠를 할 때 황토나 진흙을 사용했지만, 현재는 붕사가 대용품으로 사용되고 있다.

BLACKSMITHS IN SEOUL

✦ 호미, 곡괭이 같은 거 날달이 했어요. 근데 이미 내가 배울 때만 해도 없어지고 있었어요. 우리 선생들이 호미 날달이를 했어요. 하기는 별로 어렵지 않은데 만들어놓은 물건 같지 않아요. 이제 쇠가 귀하니까 호미도 날달이 해서 쓰고, 곡괭이도 날달이 해서 쓰고 그런거예요. 곡괭이는 날달이 많이 해봤어요. 호미가 끝이 뾰족해야 하는데 다 달아서 뭉툭하잖아요. 그럼 그 끝을 접어요. 거기 사이에 쇠를 대고 때려서 붙인 다음 진흙을 발라서 불에 달궜다가 얼른 빼서 '다다닥' 치면 붙어요. 그럼 쇠를 뽑아서 호미 모양을 만들어 주는 거예요. 날달이 할 때는 달구는 정도가 중요해요. 너무 달구면 녹아서 호미가 다 없어져 버려요. 그러니까 쇳 물이 나올 때 꺼내서 붙여야 해요. 요새는 붕사로 하던데 옛날에는 모두 진흙으로 했어요. 진흙을 바르는 이유는 쇠가 녹으면 물이 떨어지지 않고 서로 붙게 되니까 진흙이 묻은 상태로 때리면 쇠가 붙는 원리에요. 옛날에는 도끼도 붙여 쓰고 그랬어요. 지금은 쇠가 흔해서 사람들이 쓰다가 버리니까 날달이를 구태여 하지 않아요.

박경원(남, 1938년생), 2021. 9. 9. 조사.

단접 부위에 붕사를 올리는 모습
출처: 유튜브 - 삼성화재, 형제대장간 류상준 장인의 하루(2021. 2. 25.)

✦ 붙여야 하는 부분에 찰진 진흙을 묻힌 다음 달궈서 두들기면 붙어요. 요새는 붕사라는 약이 나와서 붙여야 하는 부위를 달군 다음 그 부위에 붕사를 칠하고 녹인 다음 때리면 붙어요. 이런 방식으로 호미나 곡괭이 날이 닳으면 날을 달았어요.

강영기(남, 1951년생), 2021. 10. 27. 조사.

단접 부위에 진흙을 묻히는 모습
출처: 유튜브 - 안녕!MBC충북, 대장간 전통의 맥을 잇는 21세기 대장장이(2019. 2. 15.)

3 서울의 대장간 제작 방식

대장간에서 생산하는 도구는 주문 제작을 기본으로 한다. 따라서 도구의 쓰임이나 소비자의 요구에 따라 구체적인 제작 방식은 천차만별이기에 모두를 나열할 수 없다. 하지만, 철물 제작 과정은 재료 선택 - 가열(화덕에서 달구기) - 단조(메질) - 담금질 - 마무리 작업으로 기본적인 과정은 동일하다. 그 밖에도 날이나 끝이 예리한 도구의 경우 마무리 작업 전에 벼림질이 추가된다.

대장장이가 생산해 내는 철물은 설명서 등으로 표준화될 수 없다. 제작자가 온전히 온몸의 감각을 이용해 달구고, 때리고, 식힐 때를 결정해 생산하기 때문이다. 오랜 시간을 거쳐 체득한 방법과 요령이 대장장이의 기술이며, 대장간의 가치를 좌우하게 된다. 특히 쇠를 접합하는 단접鍛接 기술과 열처리 기술은 대장간의 핵심 기술이라 할 수 있다

3-1 단접鍛接

단접은 강철이나 연철의 접합 작업으로 '접쇠'라고도 한다. 표면의 산화피막酸化被膜을 제거하여 깨끗하게 한 두 금속을 적당한 온도로 가열해서 맞대고 두드리면 서로 확산하여 접합한다. 이 현상을 이용하여 고온으로 가열한 금속을 강압하여 이어붙이는 것이 단접이다. 단접 기술을 이용한 대표적인 물건으로 한옥의 문고리를 들 수 있다. 공장에서 제작된 문고리의 경우 기계 밴딩(Banding) 후 배목[12]을 달지만, 대장간에서 만든 문고리의 경우 전통 방식의 단접 기법을 지금도 사용하고 있다. 전통 방식의 단접은 쇠를 달구어 고리 모양을 잡아주고 다시 온도를 올리기 전에 접합 부위에 황톳물(진흙)을 발라 단조하는 것이다. 이 때 황톳물을 발라 주는 이유는 단접 과정에서 철의 산화를 막아주기 때문이다. 현재는 문화재 보수 등을 위한 특별한 경우가 아니면 황톳물을 대신해 붕사를 사용해 단접한다. 황톳물이나 붕사를 쓰지 않을 때는 쇠에 구멍을 뚫어 구멍에 쇠를 넣고 달군 뒤 단조하는 '다심'이란 방식을 사용하기도 하였다.

동명대장간의 한옥 장식(사슬문고리)

BLACKSMITHS IN SEOUL

12 고리를 문이나 기둥에 매달거나 고정하는 쇠

✦ 접쇠는 옛날에 날달이라고도 했어요. 날달이는 호미나 도끼 같은 것이 너무 짧아지면 쇠를 붙여 쓰고 그랬어요. 그래서 날을 붙여 쓰니까 날달이라고 그랬어요. 제가 일을 배울 때만 해도 호미 같은 것은 날달이가 더 싸서 많이 했어요. 기본적으로 날달이는 화덕에 쇠를 달궈 이어 붙이는 거예요. 이어 붙일 때 쇠를 녹인 다음 진흙을 묻히거나 붕사를 칠했어요. 제가 날달이를 할 때만 해도 진흙으로 하는 건 옛날 이야기였고, 이미 붕사를 쓰고 있었어요. 날달이할 때는 닳은 도구와 쇠를 달궈서 붕사를 칠하고 두 쇠를 같이 꺼낸 다음 때리면 두 쇠가 달라붙어요. 붕사나 진흙이나 쇠 단면의 노폐물을 제거하면서 쇠끼리 날라붙게 해주는 원리에요. 요새는 쇠가 무디면 새로 사가기 때문에 안 해요. 그리고 옛날과 달리 이제는 접쇠보다 사가는 게 더 싸서 쇠가 무뎌지면 버려요. 요새는 그냥 연장을 접쇠해 달라는 사람은 없고 옛날에 쓰는 문고리같이 문화재에 쓰이는 것들만 접쇠해서 나가요. 붕사나 진흙을 쓰지 않는 경우에는 '다심'이라는 방식으로 접쇠를 했어요. 쇠에 구멍을 뚫은 다음에 쇠를 넣고 달군 뒤에 때리는 방식이에요.

류상준(남, 1953년생), 2021. 9. 29. 조사.

동광대장간의 한옥 장식

전농동 동광대장간 전면에 크기가 다양한 한옥 문고리 등이 걸려있다.

3-2 열처리

고탄소강을 짙은 적색 온도로 가열해서 물에 담금질을 하면 딱딱하고 깨지기 쉽다. 그렇기 때문에 쇠의 강도에 따라 적당한 열처리가 필수적이다. 열처리는 금속 재료를 가열·냉각하여 그 성질을 조정하는 것으로 풀림(소둔燒鈍, annealing), 뜨임(소려燒戾, tempering) 등이 있다. 쇠의 성질에 따라 온도와 시간을 조정하여 시행한다.

뜨임은 쇠를 부드럽게 하는 열처리 과정이다. 대장간에서 뜨임을 하기 위해서 줄이나 강철 휠, 또는 그 밖의 연마도구를 사용하여 자재와 접촉하게 될 도구의 표면을 갈아내거나 닦아준다. 이 작업은 뜨임색을 알아볼 수 있게 해주는 것으로 중요하다. 대장장이는 열기가 도구 속으로 전달됨에 따라 색이 변하는 것을 육안으로 확인할 수 있는데, 도구의 작업면이 알맞은 뜨임 온도(색깔)에 이르렀을 때 도구를 물에 담금질한다.

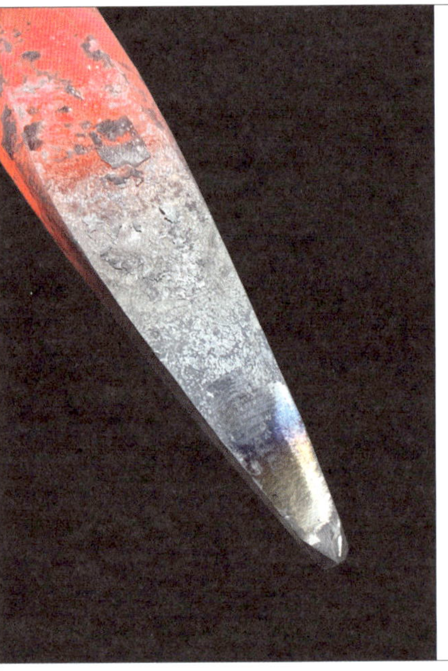

BLACKSMITHS IN SEOUL

뜨임색을 보기 위해 연장 표면을 갈아내는 모습 ▷

NEW
LG

✦ 모든 쇠들이 뜨겁다가 빨리 식으면 강해져요. 그러니 쇠를 강하게 하는 것을 열처리라고 할 수 있어요. 칼은 날만 강해야 하기 때문에 날만 열처리를 하는 것이 기술이에요. 쇠에 따라 그 방법도 달라지는데 강도가 약한 철은 물 열처리를 하고, 그 보다 강한 철은 기름 열처리, 바람 열처리를 해요. 쇠를 열처리하면 강도가 올라가는데 그때 강도가 너무 강해지면 쇠가 쉽게 부러져요. 그래서 쇠의 강도를 내리는 것을 열 풀림이라고 말해요. 공장이야 그걸 과학적으로 하겠지만 대장간은 그것을 눈, 느낌, 연륜으로 하는 거예요. 칼을 열 풀림 한다고 하면 칼은 날만 열처리를 하는데 칼 등의 열이 칼날로 내려와요. 그럼 적당한 강도에 맞게 다시 담금질을 하면서 쇠의 강도를 고정하는 거죠. 근데 기술이 없는 경우는 열처리를 하고 열 풀림 작업을 할 때 달궈진 부분에다가 물을 그냥 부으니까 쇠가 전부 식어 버려요. 그러면 쇠의 강도가 너무 높아져 버려서 부러져요.

류상남(남, 1956년생), 2021. 5. 12. 조사.

△ 황토를 이용한 열처리
▽ 기름을 이용한 열처리

✦ 지금은 머리 좋은 사람들이 쇠의 강도랑 용도를 다 정해놨지만 옛날에는 눈대중으로 해야 했어요. 칼 같은 경우는 담금질을 하면 날이 다 울어요. 그때마다 손으로 다 펴줘야 해요. 담금질은 쇠의 강도에 따라 달라져요. 쇠가 너무 강하게 되면 다 깨지고, 너무 약하게 되면 다 물러요. 그래서 그 강도에 맞춰서 눈대중으로 해야 해요. 그리고 담금질 한 뒤에 일본 말로는 오도시(おとし), 우리말로는 열 풀림이라 하는데 이런 것들도 눈으로 계속 보면서 익혔어요. 예컨대 칼을 담금질하면 날이 허예지는데 그 위에는 뜨거운 상태예요. 그대로 두면 그 날 쪽으로 뜨거운 열이 내려오는데 거기가 약간 파래져요. 이렇게 살짝 파래지면 또 한 번 담금질하고 이런 식이에요. 담금질은 배

울 때 누가 알려주는 게 아니라서 수없이 보고 스스로 익혔어요. 어디에 열이 내려오고 뜨임이 되고 안되고, 하는 것들을 수없이 봤어요.

류상준(남, 1956년생), 2021. 4. 19. 조사.

	화씨	섭씨
연노랑	420°	216°
노랑	460°	238°
짙은 노랑	480°	249°
짙은 갈색	510°	266°
보라	540°	282°
짙은 보라	550°	288°
파랑	560°	293°
짙은 파랑	570°	299°
옅은 파랑	590°	310°
회색	630°	332°

열처리 색상표
출처: 로렐라리 심스, 『뒤뜰의 대장장이』, 들녘, 2018, 159쪽.

뜨임색 연마기로 갈아낸 부분의 표면 색 변화를 통해 열처리 정도를 확인할 수 있다.

서울의 대장간

PART 04

서울의 대장간 생산품과 판매 방식

1. 서울의 대장간 생산품
2. 서울의 대장간 판매 방식
3. 도시 제조업으로서 서울의 대장간 특징

서울의 대장간 생산품

대장간은 주문 받은 제품을 수작업으로 생산하는 것을 원칙으로 한다. 하지만 보편적으로 널리 쓰이는 호미, 낫, 정 등은 수요가 지속적으로 있다. 때문에 백여 개에서 많게는 몇 천개까지 재고를 미리 보유해 두기도 한다. 일반 철물점과 달리 대장간은 같은 도구라 할지라도 사용자의 개별 요구에 따라 주문자를 위한 단 하나의 상품을 만들어 낸다는 특징이 있다. 따라서 대장간에서 생산하는 제품의 가짓수나 방식을 특정할 수 없다. 손님이 도면이나 사진, 그림 등을 가져와 새로운 도구를 주문하는 경우, 대장장이는 이를 제작할 뿐 제품의 이름이 없는 경우도 다반사다.

조사대상인 대장간은 완성된 제품에 각자 상호를 표시해 판매하고 있다. 이때 나무자루에 불도장으로 이름을 넣기도 하고, 도구의 금속 부분에 음각으로 이름을 새기기도 한다. 서울의 대장간은 과거 생산품에 제작자를 굳이 밝히지 않았다. 하지만 대장간에서 손으로 두드려 만든 단 하나의 물건이라는 가치를 부여하고, 정체성을 드러내기 위한 수단으로 현재는 모든 대장간에서 제작처를 명시하고 있다. 이러한 상표 만들기는 대장간 자체의 의지로 하는 경우도 있지만, 특별하고 희소성 있는 도구라는 것을 가시적으로 표현하고 싶은 손님들의 요구에 따른 것이기도 하다.

서울의 대장간에서 생산하는 상품은 앞서 서술한 바와 같이 한정할 수 없다. 하지만 동명·불광·형제·동광대장간에서 현재 보편적으로 생산하는 물품을 생활도구, 농기구, 건설 기계 도구, 한옥 철물, 레저 도구로 분류해 살펴보고자 한다.

✦ 대장간에서 만든 물건들이 많은 데 모두 이름을 짓기가 힘들어요. 도구를 찾으시는 분들이 특정 업종에 종사하거나 취미가 있는 분들이기에 대중화가 안돼요. 그래서 손님들이 와서 어떨 때 쓸 거라고 말씀하시면 그때에 맞게 제가 물건을 꺼내드리는 편이에요.

박상범(남, 1969년생), 2021. 6. 30. 조사.

✦ 저희는 그저 해달라고 찾아오면 뭐든 만들어 줘요. 숭어 떼 지나갈 때 줄잡아 당기면 걸리는 것도 만들어 봤고, 4m짜리 낚싯바늘도 만들어 봤어요. 어떤 목사님은 십자가를 고증해 달라 해서 십자가도 만들어 봤어요. 전통 물품도 만드는데 비녀 경첩에 들어가는 쇠도 만들어 봤어요. 사극에서 쓰는 촛대, 횃불 같은 것, 조소과나 금속 공예 하시는 분들이 주문하신 물품들을 만들어 봤어요.

류상남(남, 1956년생), 2021. 6. 11. 조사.

1-1 생활도구

생활도구(生活道具)는 사람들이 일상 생활을 하는데 필요한 여러 가지 물건을 말한다. 대장간에서 만드는 생활도구에는 음식을 해 먹는데 가장 기본이 되는 칼, 말과 소의 먹이를 써는 연장인 작두, 자루 등 물건을 걸고 끌어당기는 데 쓰이는 갈고리 등이 있다.

1950년대 이후 우리나라에 가정용 연탄이 보급되고 연탄보일러 사용이 증가하면서 연탄을 효율적으로 운반하기 위해 새롭게 고안된 연탄집게 역시 대장간의 대표적인 생활도구 중 하나이다.

BLACKSMITHS IN SEOUL

칼

우리가 실생활에서 사용하는 도구 중에서 칼은 오랜 기간 동안 대장간에서 생산되었다. 실생활과 밀접하고 쓰임이 다양한 만큼 대장간마다 형태나 모양, 재질이 다르게 나타난다. 또한 식당, 정육점, 생선가게 등 영업용으로 쓰이는 칼은 사용자의 편의에 따라 주문 생산하는 경우가 많다. 대장간은 칼을 생산하는 것 외에도 칼의 수리 업무도 수행한다. 쇠로 된 칼이라면 모두 수리가 가능하지만 공장제 제품 중에 쇠로 만들어지지 않은 세라믹 칼 같은 경우는 대장간에서 수리할 수 없다.

✦ 칼이 마모되면 대장간에 와서 한 번씩 갈아 가면 다시 쓸 수 있어요. 공장제 칼들도 갈아달라고 요청하면 갈아줄 수 있는데 쇠로 된 소재여야지만 갈아 줘요. 특히 세라믹 같은 경우는 쇠가 아니기 때문에 갈지 못해요.

박상범(남, 1969년생), 2021. 6. 30. 조사.

형제대장간의 칼 왼쪽부터 과도, 과도, 장어 칼, 뼈 칼(곱창 칼), 식도, 전통 칼, 전통 칼, 대동 칼

식도는 가정에서 채소, 육류, 생선류와 같은 식자재를 손질할 때 사용한다. 형제대장간의 식도는 칼 표면을 벗겨내 광택이 난다. 그러나 그외의 대장간은 날을 제외한 칼 면을 깎아내지 않고 재료를 그대로 살려 검은색을 띈다. 그러나 손님이 원하면 칼의 표면을 벗겨내 주기도 한다.

✦ 저희는 칼을 만들 때 날 부분 말고 칼등 부분은 모두 벗겨내지 않아요. 그렇게 해 놓으면 누가 사용한 느낌이 나서 벗겨내지 않고 있다가 손님께서 원하시면 저희가 그 작업을 해 드려요. 그래서 고운 숫돌로 갈아서 칼의 겉면을 벗겨내고 날을 만들어 드려요.

박상범(남, 1969년생), 2021. 6. 2. 조사.

형제대장간은 식도 외에 다양한 칼을 생산하고 있다. 전통 칼은 버선코처럼 칼끝이 말려 올라가 있다. 장어 칼은 외날인 것이 특징이다. 양날로 되어 있으면 장어의 뼈를 바를 때 칼날이 살 쪽으로 파고들 수 있기 때문에 외날로 만든다. 대동 칼은 정육점 등에서 고기나 잔뼈를 자르는데 쓰인다. 특별히 대동 칼은 사용할 사람의 이름과 생년월일을 새겨 선물하는 풍속이 있어 주목할 만하다. 대동 칼을 선물하는 자체가 액운을 막아주며, 대동 칼에 새겨진 이름이 빨리 닳아 없어질수록 길하다는 속신이 전한다. 그래서 현재도 정육점 개업 선물 등으로 찾는다.

✦ 정육점에서 쓰는 대동 칼에 이름과 생년월일을 희미하게 새겨요. 그 다음 정육점 사람들이 많이 써서 글씨가 없어지면 그게 좋은 거예요. 정육점에서 칼을 많이 써서 글씨가 빨리 없어져서 좋은 거래요. 그게 옛날에 무속인들이 예방으로 하라 그런 건데 그게 안 좋은 걸 예방하라고 해서 하는 거예요.

류상남(남, 1956년생), 2021. 5. 24. 조사.

불광대장간은 최근 소비자들의 기호에 맞춰 경량형 중식도를 개발하였다. 경량형 중식도는 주부나 젊은 사람들이 애용하는 상품이다. 중식도의 모양을 따르되 보다 작고 가볍게 만들어 소비자의 요구에 부응하였다. 특히 경량형 중식도는 칼끝을 모두 둥글려 뭉뚝하게 만든 것이 특징이다. 요즘은 식자재가 손질되어 판매되는 경우가 많아 다듬을 때 주로 사용하던 칼의 앞부분이 필요 없기 때문에 안전을 고려하여, 칼끝을 뭉뚝하게 만들었다.

✦ 요즘은 손님들이 집에 있는 칼을 가지고 와서 칼 앞이 뾰족하니까 위험하지 않게 다 잘라 달라고 해요. 그래서 사각형 모양의 중식도가 요즘 많이 팔려요. 요즘은 과거와 다르게 식자재가 대부분 손질된 상태로 나오니까 칼 앞을 쓸 일이 없어서 자르기만 하면 돼요. 우리가 만든 중식도는 중국집에서 쓰는 중식도가 크고 무거우니까 보다 경량으로 작게 만들어서 주부들이 많이 사가요. 그리고 젊은 사람들도 칼을 많이 안 써봤으니까 칼끝이 날카로우면 거부감이 드는지 많이 사가요. 우리 대장간에서 파는 중식도는 칼끝이 뭉뚝하니까 무섭지도 않고, 떨어트려도 땅에 박힐 일이 없어 안전한 느낌이 드는지 많이 팔리고 있어요.

박상범(남, 1969년생), 2021. 6. 30. 조사.

불광대장간의 칼

왼쪽부터 과도(창칼), 경량형 중식도, 식도

갈고리

대장간에서 생산하는 갈고리는 생활 편의 도구 중 하나이다. 쌀자루와 같은 마대를 들어 옮길 때 사용하기도 하고, 생선을 찍어서 옮길 때 사용하기도 한다. 길이나 크기는 사용 방식에 따라 제각각이다.

불광대장간의 갈고리
성인 손에 들기 좋은 크기로
소금가마니 등을 찍어 들 때 사용하였다.

✦ 원래는 생선 갈고리인데 이제는 쓰레기 마대 같은 것 집느라고 많이 사가요. 옛날에는 자루가 길어서 깎았는데 국내에서 깎아 쓰려니까 비싸서 안 했어요. 그러다가 이제 중국에서 들어오니까 그 자루를 이렇게 껴서 쓰고 있어요.

류상남(남, 1956년생), 2021. 7. 7. 조사.

형제대장간의 갈고리

작두

작두는 풀이나 짚을 써는 도구이다. 상하로 운동할 수 있는 쇠붙이가 나무판에 고정되어 있는 형태로 나무 판에 닿는 쇠의 면에는 날에 세워져 있는 것이 공통점이다. 작두는 주로 퇴비나 사료를 만들기 위해서 짚 등을 잘게 썰 때 사용한다. 하지만 현재 서울의 대장간에서 작두를 찾는 손님은 주로 취미 활동으로 산행을 즐기면서 채집한 약초 등을 간편히 손질하기 위해 구매하기 때문에 소형 작두가 주로 생산·판매된다.

동광대장간의 작두

동명대장간의 작두

연탄집게

연탄집게는 연탄을 효율적으로 집어 운반할 수 있도록 개발한 상품이다. 소형은 한 번에 두 장씩 집고, 대형은 네 장씩 집을 수 있게 제작되었다.

✦ 옛날에 연탄이 없을 때는 연탄집게를 만들 필요가 없었겠죠. 근데 사람들이 손으로 하니까 검은 것이 묻고, 무거우니 빨리 못 나르잖아요. 그리고 연탄을 광에 들여 놓으려면 차가 광까지 못 갔을 때 1000장을 옮긴다고 하면 그걸 언제 다 옮겨요. 그래서 우리 아버지가 연탄을 놓고 이걸 어떻게 해야 잘 빠지지 않고 쉽게 배달하는 도구를 만들까 하고 고안한 거예요. 그렇게 만들어서 사람들 주니까 양손에 연탄집게 집고 한 번에 네 장씩, 네 장씩 해서 여덟 장씩 옮길 수 있었던 거죠. 물론 처음부터 연탄집게가 지금처럼 모습을 다 갖춘 게 아니었어요. 손님들이 써보면서 요구가 있고, 약간 수정이 들어가면서 가장 좋다고 했던 모습으로 만드는 거죠.

박상범(남, 1969년생), 2021. 6. 30. 조사.

불광대장간의 연탄집게(대형)
연탄 배달을 효율적으로 하기 위해 한 번에 연탄 4장을 집을 수 있도록 만들었다. 기본 연탄집게는 2장을 집을 수 있도록 만들어 길이가 짧다.

1-2 농기구

농촌 지역이 아님에도 불구하고 서울의 대장간은 낫, 호미, 괭이와 같은 대중화된 농기구를 주기적으로 생산하고 있다. 도시인들의 전원생활, 취미활동과 연계되어 농·임업 도구의 수요가 지속적으로 유지되고 있기 때문이다. 특히 농·임업도구가 경량화 되어 도구를 이용한 작업 능률의 향상보다 간편함이 우선되는 경향을 보인다.

✦ 농기구는 지방에서 사러 오기도 하지만 도심지 주변에 텃밭 하는 사람이 주로 사러 와요. 주말 농장에서 도시 농부들을 가르치는 학교가 있어요. 구로동에는 '텃밭 보급소'라고 있고, 고양에는 '고도네'라고 고양시 도시농업 네트워크가 전반기 후반기 해서 20~30명인가 모집을 해요. 사람들을 데려다가 텃밭을 어떻게 시작하고 어떻게 관리를 하고 어떻게 키우고 하는 요령을 교육해 주는 업체에요. 그런 업체에서 와서 농기구 주문을 해요. 6월 달이면 업체에서 전반기 교육이 끝나요. 그러면 업체에서 졸업생들한테 선물로 주기 위해서 전화가 와요. 전화로 저한테 호미 이런 거 주문하고, 그런 사람들을 해주면 손님들이 써보고 나중에 또 좋으니까 와서 다른 연장도 사가고 그런 식으로 단골이 생기는 거예요.

박상범(남, 1969년생), 2021. 6. 30. 조사.

BLACKSMITHS IN SEOUL

형제대장간의 조선낫(황새낫·목세기낫)
자루가 길어 황새낫 또는 목세기낫이라 불린다.

불광대장간의 조선낫

동명대장간의 조선낫

낫

낫은 농경문화가 시작된 이래 오랜 기간 동안 인류와 함께한 농업 도구이다. 낫의 보편적인 형태는 'ㄱ'자 모양의 쇠를 나무 자루에 꽂아 넣은 것이다. 지역에 따라 그 모양과 특성이 다르다. 경상남도는 낫의 슴베가 길고, 강원도는 낫등까지 자루를 박아 넣는 것이 특징이다.[01] 서울의 대장간에서는 크게 두 종류의 낫을 제작·판매한다. '왜낫'이라 불리는 풀 베는 낫과 '조선낫'이라 불리는 나무치는 낫이 그것이다. 조선낫은 낫등이 두껍고 'ㄱ'자 안쪽에 모두 날이 서 있다. 반면 왜낫은 낫등이 얇고, 낫등 아랫부분만 날이 서 있는 것이 특징이다.

✦ 낫은 나무 치는 낫의 경우 날이 ㄱ자로 있고, 풀 치는 낫에는 날이 윗부분에만 있어요. 풀치는 낫도 손가락만 한 가지는 칠 수 있지만 굵은 가지는 못 잘라요. 나무용 낫은 보다 굵은 가지도 칠 수 있고, 풀 치는 낫보다 굵기가 굵어요. 자루는 심지를 박고 못을 관통 시켜서 자루랑 낫자루가 떨어지지 않게 만들었어요. 지역에 따라 자루 길이가 다른데 전라도 지방은 자루가 짧아요. 풀 낫은 자루가 짧은 게 전라도 식인데 우리는 그냥 풀 낫이라 불러요. 자루를 어떻게 넣느냐가 지역마다 다르고 품종이 늘어나는 게 번거로워서 농기구의 품종을 줄여나가고 있어요.

류상남(남, 1956년생), 2021. 7. 7. 조사.

기본적으로 낫은 풀이나 잔 나뭇가지를 쳐 낼 때 사용하는데 기능에 따라 모양을 달리하기도 한다. 보편적인 낫과 비교했을때 형태와 쓰임이 다른 것으로는 '서서 낫'과 '반달낫'이 있다. 서서 낫의 경우 자루의 길이가 성인의 허리 정도까지 오는데 서서 풀을 벨 때 사용한다. 반달낫의 경우 두 손으로 자루를 잡고 당겨서 나무를 다듬거나 껍질을 벗겨낼 때 사용한다. 서울의 농기구 수요층은 생업보다는 취미를 목적으로 하는 경향이 있어 서울의 대장간에는 다양한 크기와 무게의 낫을 구비하고 있다.

01 국립민속박물관, 『한민족역사문화도감 - 생업편』, 2008, 62쪽.

✦ 낫도 소비자의 요구에 따라 변했어요. 옛날에는 낫이 한 가지 종류였는데 지금은 소비자들이 자신에게 맞는 크기를 원하니까 여러 가지 종류의 낫이 생겼어요. 옛날에는 큰 걸 좋아했는데 지금은 텃밭 같은 거 조금씩 하는 사람들이 굳이 큰 게 필요 없어요. 큰 낫을 계속 써본 사람들은 써봤으니까 요령이 있지만 지금 학교 학생들은 낫을 안 써봤잖아요. 큰 거 쓰려면 무서워한단 말이에요. 그런데 작으면 앙증맞고 좋으니까 작은 걸 부담 없이 써요. 그래서 우리는 소형 낫을 '텃밭 낫'이라고 불러요. 요새 텃밭 하는 도시 농부들이 소형 낫을 많이 사가요. 보다 대형으로 하면 서서 낫이 있어요. 어르신들이 앉지 못하시니까 풀을 서서 툭툭 칠 수 있게 기장을 길게 만들었어요.

박상범(남, 1969년생), 2021. 6. 30. 조사.

동명대장간의 반달낫
나무껍질을 벗기는데 쓰이는 낫이다.

동명대장간의 서서 낫(풀 낫)
선 상태에서 사용할 수 있도록 낫이 크고 길다.

괭이

괭이는 주로 땅을 팔 때 사용한다. 밭을 일구거나 고르게 할 때, 고랑을 만들 때 쓰인다. 보편적인 모양은 납작한 쇠를 'ㄱ'자로 구부린 형태이며 비교적 뾰족한 끝에서 자루 쪽으로 갈수록 넓적한 면이 나타난다. 용도에 따라 땅을 뒤집기 위한 삽괭이, 등자괭이, 약초괭이 등으로 구분한다. 삽괭이나 등자괭이는 1m 이상의 자루를 사용하는 경우도 있다. 삽괭이와 등자괭이 외에도 손님이 원할 경우 자루의 길이를 조절할 수 있다. 괭이의 용도에 따라 날을 세우기도 한다. 요즘에는 취미로 산행을 다니는 사람들이 가볍게 소지하고 사용할 수 있도록 경량형을 제작한다. 괭이의 한 종류인 곡괭이는 농사뿐만 아니라 건설 현장에서 땅을 파낼 때도 사용한다.

동명대장간의 왜괭이

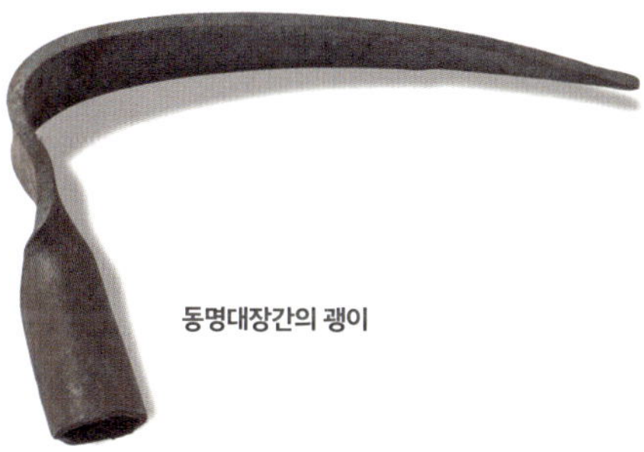

동명대장간의 괭이

✦ 화전괭이는 강원도 산골에 화전민들이 쓰는 괭이에요. 강원도는 돌이 많다보니까 저걸로 흙을 뒤집어서 쓰라고 만든 거고, 나무뿌리 자를 때 쓰라고 날이 있어요. 등자괭이에도 날이 있는데 바닥에 풀 같은 것 긁어내라고 날이 있어요. 등자괭이나 화전괭이 모두 1m 20㎝짜리 자루가 들어가요. 약초괭이는 끝은 넙적하고 반대쪽은 뾰족하게 했어요. 약초괭이는 손님 기호에 따라 자루의 길이가 달라져요. 손님이 긴 걸 원하면 1m 20㎝짜리 자루를 박아주고 아니면 짧게 해서 넣고 다니게끔 만들어요. 경량형 괭이는 배낭에 넣게 좋게 만들어진 거예요. 산행을 취미로 다니는 사람들이 가볍게 넣고 다니라고 만들었어요. 이건 우리 집에서 만든 지 10년 정도 되었는데 길면 무겁다고 해서 가볍게 만들어 달라 하니 경량형으로 만들었어요.

류상남(남, 1956년생), 2021. 7. 7. 조사.

형제대장간의 약초 괭이

형제대장간의 벽채(벽채괭이)

형제대장간의 왜괭이(화전괭이)

형제대장간의 삽괭이

괭이낫

괭이의 흙을 파내는 기능과 낫의 풀을 베는 기능을 혼합한 농기구이다. 각 도구의 기능에서 알 수 있듯이 땅을 파내면서 땅 위나 그 속에 걸리는 뿌리를 제거할 수 있도록 만들었다. 형태는 'ㄱ'자로 구부러진 쇠의 끝 부분이 괭이의 모양이고 구부러지는 목 부분에 날이 세워져 있다. 주로 뿌리가 깊지 않는 야생화를 채집할 때 사용하며 손님의 요구에 따라 만든 제품이기에 대중적인 도구는 아니다.

✦ 산에서 야생화를 캐 와서 연구하시는 분들도 있고, 식물원 사람들이 산에서 야생화를 캐기 위해서 사가기도 해요. 야생화 채취가 목적이다 보니 도구가 약초 지팡이처럼 큰 게 필요하지 않아요. 야생화는 깊게 박혀 있지 않으니까 앞에 뾰족한 부분이 적당하게 있고, 또 캐다가 뭐가 걸리면 자를 수 있게 뒤 부분은 날이 있어요. 그리고 휴대하기 편하게 작은 형태로 만들었죠. 근데 지금은 유행이 한풀 꺾였어요. 용도에 맞게 나온 제품이다 보니까 유행을 많이 타요.

박상범(남, 1969년생), 2021. 6. 30. 조사.

동명대장간의 괭이낫

불광대장간의 괭이낫

약초괭이

약초지팡이

불광대장간은 1980년대 초부터 약초지팡이를 만들었다. 기업에서 산행을 즐기는 중년들의 취미를 반영해 퇴직자 선물로 약초지팡이를 주문한게 계기가 되었다. 현재는 나무 자루, 길이, 모양을 표준화하여 불광대장간의 대표 상품으로 자리 잡았다. 초기 약초지팡이는 일반 자루에 쇠를 끼웠지만 나무가 비에 젖으면 나무가 일어나는 현상이 발생해 코팅제를 입힌 나무 자루로 교체하였다. 약초지팡이 머리 부분의 우측은 뾰족하게 만들어 흙을 부술 때 사용하고, 좌측 괭이는 파낸 흙은 긁어내는데 사용한다. 지팡이 끝 부분은 약초를 캐다가 나오는 뿌리를 잘라 낼 수 있도록 만들었다. 약초지팡이는 약초괭이와 도라지

불광대장간의 약초지팡이

창을 혼합한 도구이다. 경우에 따라 약초괭이는 손잡이로도 쓰이고, 도라지 창을 아래로 해서 산행 시 지팡이로도 활용할 수 있다.

✦ 약초지팡이는 약초꾼들이 쓰는데 지팡이도 되고 약초를 캘 때 쓰기도 해서 '약초지팡이'라고 이름을 만든 거죠. 처음에 약초지팡이를 만든 계기는 명예퇴직 하시는 분들한테 근처 기업에서 선물을 줬어요. 남자들 대부분이 50대 이후 산을 많이 타니까 이런 거를 주기 시작한 거예요. 이후 회사 관계자들이 와서 찾으니까 우리가 약초지팡이를 만들어 놓은 거죠. 이게 40년 전인데 손님들한테 피드백을 계속 받으면서 지금의 모습이 되었어요. 나무 자루에 패턴도 넣고 니스도 칠하니까 제품이 세련되고, 비올 때 나무가 물을 먹어서 거칠거칠해지지 않으니까 좋아요. 약초지팡이는 손님들의 요구에 따라서 우리도 머리를 쓰고 고안해 낸 제품이에요. 그래서 가장 인기 많은 제품 중 하나에요.

박상범(남, 1969년생), 2021. 6. 30. 조사.

호미

호미는 김을 매거나 감자나 고구마 따위를 캘 때 쓰는 도구다. 끝은 뾰족하고 위는 대개 넓적한 삼각형으로 되어 있는데 목을 가늘게 휘어 구부린 뒤 둥근 나무 자루에 박는다. 지방에 따라 제작자에 따라 고개의 각도, 자루의 길이, 슴베의 길이가 다양하다. 지역마다 토질이 다르기 때문에 날의 모양이 다르다. 예컨대 경기도는 날이 뾰족하고 위가 넓으며, 산간 지역은 길이가 길고 끝이 예리하다.[02] 서울은 도시 텃밭을 운영하거나 원예용으로 호미를 찾는 사람이 대다수이기 때문에 경량형과 일반형으로 나누어 구분한다.

02 국립민속박물관, 『한민족역사문화도감 - 생업편』, 2008, 56쪽.

✦ 호미는 끝 부분에 날을 세워야 풀을 맬 때 '탁탁' 끊어져요. 날 뒤에 판이 판판해야 흙을 넘길 때 잘 넘어 가요. 지역에 따라 호미 고개의 각도가 틀린데 우리는 마땅히 규정은 없고 쓰는 사람이 편하도록 만들어요. 호미 면적도 크기가 다른데 보다 가벼운 걸 쓰려면 작은 면적의 호미를 쓰면 되고 보다 무게가 있는 호미를 원한다면 큰 면적의 호미를 쓰면 되요. 이것도 옛날에는 어머니들이 시골에서 일을 많이 하시니까 힘 있어서 약간 무거워도 쓰셨어요. 근데 지금은 젊은 사람들이 무거운 거 안 쓰려 그러니까 좀 가볍게 만들어야 해요. 그래서 가볍게 만들어가지고 하니까 텃밭 용도로 쓰고 꽃 심을 때도 쓰고 다용도로 써요.

박상범(남, 1969년생), 2021. 6. 30. 조사.

형제대장간의 약초 호미
자루에 슴베를 박아 만든다는 점에서 약초괭이와 다르다.

불광대장간의 호미

동명대장간의 호미

형제대장간의 호미

불광대장간의 제초호미
골프장 등에서 잔디를 관리하기 위해 주문 제작해 만들어진 상품이다.

모종삽
꽃삽

모종삽은 텃밭이나 화초를 가꾸는 소비자들이 구입하는 농기구 중 하나이다. 모종삽 옆면에 날이 들어가지만 날 도구에 익숙하지 않은 손님들은 날을 꺼리고, 소규모 텃밭에서 사용하는 경우가 많아 날이 필요 없는 경우가 많다. 따라서 모종삽은 기본적으로 날을 세우지 않은 상태에서 보관하다가 손님이 요구하면 날을 세워서 판매한다.

✦ 모종삽은 날 모양만 되어 있지 날은 기본적으로 안 들어가 있어요. 요즘 사람들은 텃밭 조그마한 데서 쓰는 거라 날이 필요가 없죠. 많이는 안 나가고 일 년에 50개~100개 정도 나가는 것 같아요.

류상남(남, 1956년생), 2021. 7. 7. 조사.

형제대장간의 모종삽　　불광대장간의 모종삽

도라지 창

도라지 창은 도라지, 더덕, 마늘과 같은 뿌리 식물을 캘 때 사용한다. 뿌리 식물은 수확 과정에서 최대한 뿌리가 다치지 않아야 상품가치가 있기 때문에 도라지 창은 길고 날렵한 형태로 뿌리 손상을 최소화하도록 제작되었다.

✦ 도라지 창 같은 것은 뿌리 식물 캘 때 뿌리가 끊어지지 않게 캐야 단가가 올라가기 때문에 그것을 감안하고 만든 거예요.

박상범(남, 1969년생), 2021. 6. 2. 조사.

동명대장간의 도자지 창　　불광대장간의 도라지 창

쇠스랑

쇠스랑은 땅을 파헤쳐 고르거나 두엄, 풀 무덤 따위를 쳐내는 데 쓰는 갈퀴 모양의 농기구이다. 쇠로 서너 개의 발을 만들고 자루를 박아 만든다. 서울에서 쇠스랑을 구입하는 손님들은 주로 텃밭을 일구기 위해 구입하기 때문에 작게 만들고, 짧은 자루를 박는다.

✦ 쇠스랑은 원래 길게 만들어야 하는데 작게 만든 거예요. 요즘에는 두 평짜리 작은 텃밭에 흙을 뒤 엎으니까 굳이 큰 게 필요 없어요. 그래서 작게 만들어 놓으면 텃밭 하는 사람들이 좋으니까 경량형으로 만들었어요.

박상범(남, 1969년생), 2021. 6. 30. 조사.

동명대장간의 쇠스랑

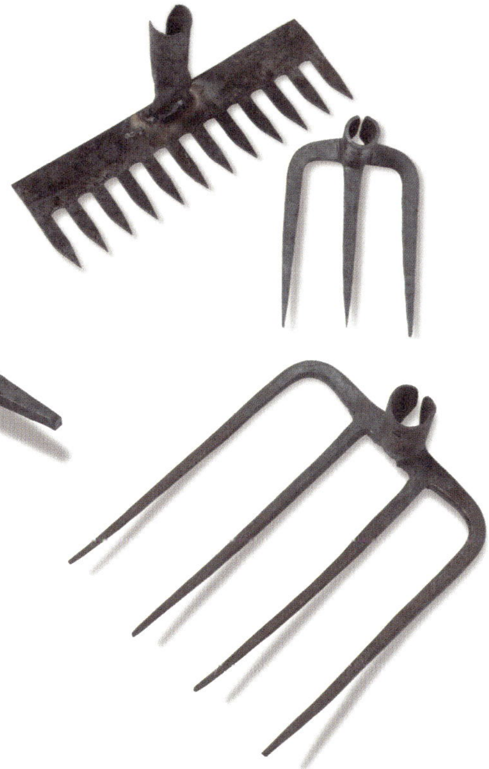

형제대장간의 여러 가지 쇠스랑

1-3 건설 기계 도구

대장간에서 다루는 수공구(手工具)는 용도에 따라 타격용도, 특수용도, 일반용도, 생활·취미용도로 나눌수 있다. 타격용 연장은 망치류와 도끼류가 있다. 망치류는 건설업에서 사용하는 망치, 중망치와 석공에 쓰이는 석공 망치(하겐노)가 대표적이다. 도끼류는 도끼와 까뀌, 특수연장은 용접 망치, 포클레인 경계석 갈고리가 있다. 일반 연장은 배척(빠루, claw bar), 정·끌[노미(のみ)·다가네(たがね)]이 있다. 캠핑·취미용 연장은 나대, 정글도, 단검 등으로 활용도를 높인 복합기능 제품이 새롭게 만들어지고 있다.

대개 건설 현장에서 쓰이는 수공구가 서울의 대장간에서 생산하는 연장 중 가장 큰 비중을 차지한다. 공장제 또는 중국산 공구가 보편화 되었지만, 저렴한 가격 대신 내구성이 좋지 않아 비교적 높은 가격에도 불구하고 건설 현장 근로자들은 대장간에서 생산한 공구를 선호한다.

BLACKSMITHS IN SEOUL

망치는 실생활에 쓰이기도 하지만 건설 현장에서 쓰는 중망치, 석공이 사용하는 돌망치 등 그 종류와 형태가 다양하다. 중망치는 주로 철거 관련 직종에 종사하는 사람들이 이용한다. 철거 작업 특성 상 견고한 도구가 필요하지 않아 대장간 제품보다는 비교적 저렴한 공장제 중망치를 선호한다. 석공들이 쓰는 석공 망치는 '하스리'와 '하겐노' 두 가지가 대표적이다. 하스리는 돌이나 시멘트를 깰 때 정을 대고 치는 방식으로 사용한다. 하겐노는 축대를 쌓으면서 튀어나온 돌을 다듬을 때 사용한다. 이 때 망치의 면을 사용하지 않고 모서리를 사용해 돌의 튀어나온 부분을 쳐내 표면을 평평하게 만든다. 그래서 다른 망치들과 달리 모서리의 각이 무뎌지면 대장간에 찾아와 다시 각을 세우는 방식으로 수리한다.

✦ 함마(해머)는 그냥 박고 때리고 할 때 쓰는 거고, 하겐노(석공 망치)는 축대 쌓는 사람들이 돌에 튀어 나온 부분을 따낼 때 쓰는 거예요, 하스리(석공 망치)는 콘크리트 깰 때 쓰는 건데 이걸로 직접 때리지 않고 정을 때릴 때 쓰는 거예요. 하스리(석공 망치)는 일본 말인데 석공 망치라고 해요. 하겐노(석공 망치)는 쇠를 먼저 사각으로 만들어서 각을 죽인 다음 쇠가 동그랗게 되면 구멍을 뚫어서 만들어요. 이 망치는 망치 면을 쓰는 게 아니라 각을 쓰는 거예요. 그래서 이 각이 무뎌지면 대장간에 수리하러 와요. 그럼 우리가 면을 쳐서 다시 각을 날카롭게 만들어서 수리해 줘요. 쇠메(함마)는 우리가 만들기도 하지만 철거하는 사람들이 막 쓰고 버리는 거라 우리가 만들면 비싸서 싼 걸 써요. 그래서 납품받은 물건을 주로 사가요.

류상남(남, 1956년생), 2021. 7. 7. 조사.

✦ 하겐노(석공 망치)는 우리말로 하면 돌망치(석공 망치)라 해요. 석공들이 쓰는 연장인데 어디 성이나 산성에 쓰는 돌을 쌓을 때 이 도구를 써서 돌을 평평하게 하고 돌을 쌓아요. 아니면 산에서 사방 공사할 때 비 많이 오면 쓸려 내려가지

말라고 축대를 쌓을 때 쓰기도 해요. 불광대장간의 주요 판매 품목이었어요. 저희 아버지가 젊었을 때부터 만들었던 품목이었어요. 채석장에서도 많이 쓰였어요. 집을 지을 때 평창동처럼 대지가 경사져 있는 곳은 집을 짓기 위해 돌을 쌓아서 평고를 맞추거나, 평고를 맞추기 위해 들어간 흙이 쏟아지지 않도록 축대를 쌓을 때 쓰던 도구에요. 요새는 잘 나가는 편은 아니에요.

박상범(남, 1969년생), 2021. 6. 30. 조사.

불광대장간의
석공 망치(하겐노)

그 밖에도 날정 망치, 외날정 망치, 가스통 망치가 있다. 날정 망치는 벽돌을 쌓을 때 앞쪽 날 부분으로 벽돌을 재단하거나 보도블록을 재단할 때 쓰인다. 가스통 망치는 주로 석공들이 쓰는 망치이다. 뾰족한 부분으로는 돌을 부술 때 사용하고, 뒤쪽 동그란 부분은 모서리각으로 돌의 튀어나온 부분을 제거할 때 사용한다. 외날정 망치는 철거할 때 알루미늄 폼에 박혀있는 못, 쇠, 볼트와 같은 이물질을 제거할 때 사용한다.

특수 연장으로 용접 망치가 있다. 용접 망치는 용접할 때 용접 부위에 생기는 이물질을 제거하는 용도로 사용한다. 용접 후에 이물질들이 남아 있으면 용접 부위가 보이지 않아 용접이 제대로 되었는지 확인할 수 없다. 따라서 용접한 뒤 용접 망치의 납작한 부분으로 이물질을 떼어내 용접부분을 확인하거나, 뾰족한 부분으로 이물질을 쑤셔서 이물질을 떼어 낸다. 주로 일반 용접보단 조선업과 같은 정밀 용접 작업을 수행할 때 사용하는 도구이다.

✦ 렌가(れんが) 망치(조적 망치)는 벽돌을 쌓거나 보도블록을 깔 때 벽돌을 자르는 용도로 쓰는 망치예요. 경량형 하겐노(석공 망치)는 돌 일 하는 사람들이 쓰는 데 뒤에 각으로 돌을 때리고 앞에 뾰족한 부분으로는 뭔가 쫄 때 써요. 가스통 망치는 지금은 쓰지 않지만 보통 보도블록에 시멘트를 바르면 뾰족한 부분으로 쪼아요. 그러면 시멘트가 푹푹 들어가니까 시멘트 바를 때 쓰였어요. 그 다음 망치의 경우 돌 일하는 사람들

형제대장간의 망치
왼쪽부터 시메(함마), 석공 망치(히겐노),
중망치(함마), 석공 망치(하스리), 석공 망치

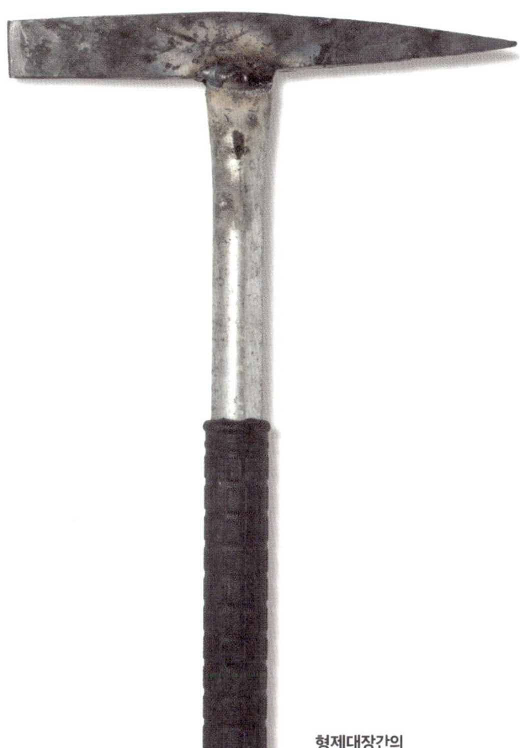

형제대장간의 용접 망치

불광대장간의 까뀌 망치(자구 망치)

이 부를 때는 '외다가네' 라고 하고 하수도하는 사람들은 '도끼 망치'라 그래요. 주로 새시(샷시) 망치로 쓰이는데 알루미늄 폼을 철거해서 재활용할 때 쇠 같은 볼트나 이물질을 떼어내야 좋은 가격을 받을 수 있어요. 그래서 알루미늄 폼의 이물질을 빼낼 때 써요.

용접 망치는 용접 똥 떼는 데 쓰는 망치에요. 용접하고 나면 거기에 똥이 붙으니까 그거 뗄 때 쓰는 거예요. 세밀하게 용접할 때 용접하고 나서 똥이 남으니까 그걸 털어내야 어디가 용접이 잘 되었는지 확인할 수 있어요. 확인한 다음 빈 공간에 다시 용접을 하는 거예요. 그때 이 망치로 날카로운 부분에는 똥을 찔러서 빼내고, 앞에 넓적한 부분으로 똥을 털어내서 용접이 잘 되었는지 확인하는 거예요.

류상남(남, 1956년생), 2021. 7. 7. 조사.

형제대장간의 망치
왼쪽부터 렌가 망치(조적 망치), 석공 망치(경량형 하겐노, 경량형 가스통 망치), 도끼 망치, 가스통 망치

불광대장간의 맞춤 도끼
소비자 기호에 맞게 날의 폭을 넓히고, 손잡이를 길게 제작하였다.

도끼 까뀌

도끼는 실생활, 캠핑, 목공에서 사용하는 도구이다. 도끼는 주로 나무를 쪼갤 때 쓰고 까뀌는 나무를 깎을 때 사용한다. 모두 날이 서 있다. 도끼와 까뀌는 자루를 끼워서 연장을 들었을 때 날이 가로이면 까뀌, 세로이면 도끼로 구분한다. 또 까뀌는 외날이고, 도끼는 양날이다. 까뀌가 양날이 들어가 있으면 목재 등을 깎을 때 날이 박혀 외날로 만든다. 도끼는 나무를 패서 절단하는 것이 목적이기 때문에 잘 박힐 수 있도록 양날을 하고 있다. 한편 도끼 까뀌는 자루를 끼웠을 때 앞부분과 뒷부분에 가로, 세로 날이 들어가 있어 도끼와 까뀌의 용도를 복합적으로 사용할 수 있다. 일반적인 도끼와 까뀌는 뒷면의 뭉툭한 부분을 망치로 쓰기도 한다. 자루의 경우 용도에 따라 달라지거나 도끼의 크기에 따라 적절한 자루를 사용한다.

동명대장간의 손도끼

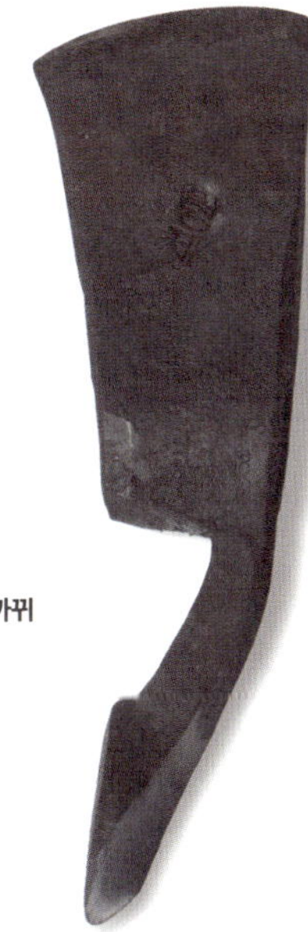

형제대장간의 도끼 까뀌

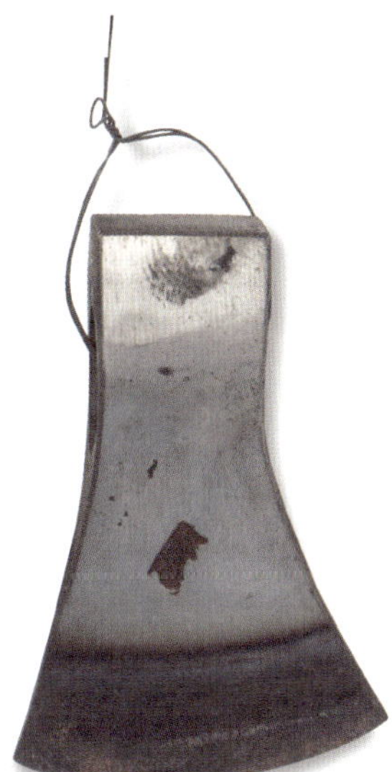

형제대장간이 도끼

형제대장간의 까뀌망치

배척
빠루 Claw bar

배척은 건설 현장에서 못을 빼낼 때, 틈을 벌릴 때 등 다용도로 사용한다. 배척 상단에 ㄱ자로 꺾인 부분은 물체를 걸고 당길 때 사용하며, 그 끝에 홈이 있을 경우 바닥이나 벽에 박혀있는 못·쇠붙이 등을 빼낼 때 사용한다. 배척 중에는 측면에 코가 걸려 있는 경우가 있는데, 이를 '코끼리 빠루'라 부른다. 이 코는 철거할 때나, 거푸집 제거 과정에서 알루미늄 폼의 홈 부분에 넣고 당기는데 사용한다. 배척의 윗부분이 Y자 형태를 하고 있는 것은 알루미늄 폼을 떼기 위해 주문 제작한 것이다.

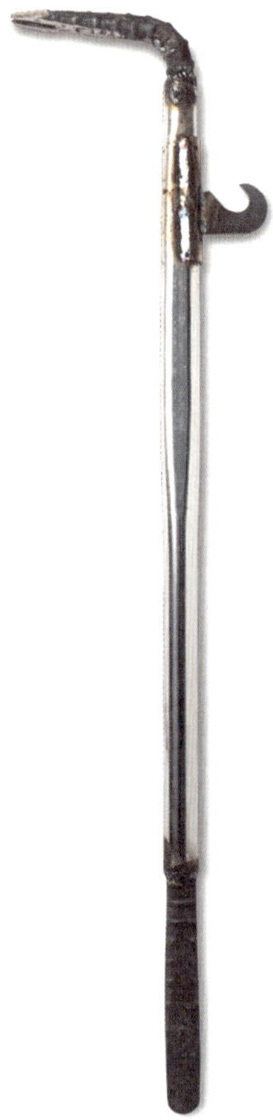

동명대장간의 코끼리 배척(빠루)

✦ 알루미늄 폼을 떼는 빠루(배척)는 쓰는 걸 한 번도 못 봤어요. 근데 이렇게 만들어 달라고 해서 만들어 줬어요. 빠루(배척)에 코가 달려 있는데 이 경우는 철장 뗄 때 쓰는 코에요. 코를 철장에 걸어서 잡아 당겨가지고 떼는 거죠. 보다 짧은 빠루(배척)는 석자짜리 못 뺄 때 쓰는 거예요. 강종은 대체로 스프링강이 들어가요. 알루미늄 폼을 떼는 빠루(배척)는 Y자에 45C 강종이 들어가고 코는 CM 4종이 들어가요.

류상남(남, 1956년생), 2021. 7. 7. 조사.

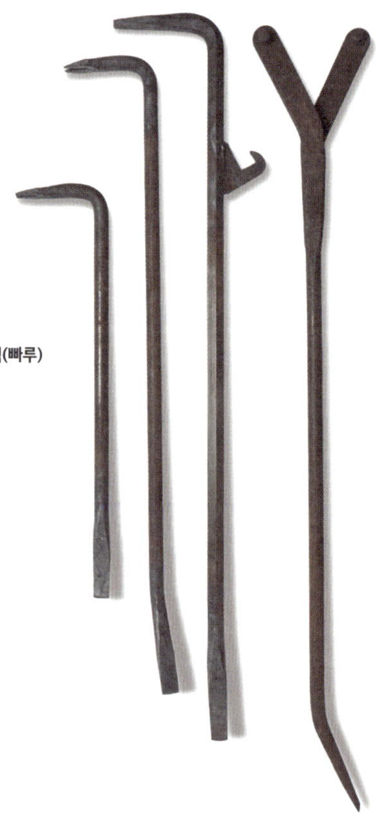

형제대장간의 배척(빠루)

정

노미 のみ
다가네 たがね

정은 그 형태와 모양이 다양하나 크게 분류하면 수공구와 기계 공구로 구분된다. 석재 등을 쪼개고 모양을 만드는데 쓰이며 전체적인 모양새는 대동소이하다. 하지만 수공구는 사람이 정 위에 망치를 내려쳐 석재 등을 쪼개는 것이고, 기계 공구는 전기 드릴이나 포클레인에 정을 장착해 사용한다. 따라서 전기 드릴과 포클레인 품종에 따라 크기가 다르고 기계에 따라 요구하는 이음새의 모양도 달라진다. 대장간에서 기계 공구에 사용하는 정을 만들 땐 쇠를 재단해 주는 업체에 맡겨 손님이 요구한 기계에 맞게 이음새 모양을 만들어 온다. 이음새를 재단해 오면 대장간은 용도에 따라 정의 끝을 단조해 판매한다. 수공구인 경우는 이음새 제작 과정이 생략된다. 정은 여타 연장들과 같이 수리가 필요한데 미리 대량의 연장을 수리해 놓고 뭉뚝해진 연장을 바꿔 고철값을 뺀 가격을 치른다. 손님이 제작해 놓은 연장을 가져가는 대신 자신의 정을 벼려가기도 한다.

형제대장간의 날정(다가네)

정은 정 끝의 모양새에 따라 끝이 뾰족한 '노미'와 납작한 날 형태의 '다가네', '멧기리'가 있다. 뾰족한 형태는 주로 돌 등을 쪼개거나 부술 때 사용하고 날 형태는 타일 소재 바닥이나 땅의 표면을 벗겨 낼 때 사용한다. 수공구인 날정은 대개 벽돌이나 돌을 재단하는 용도로 사용하는데, 재단이 필요한 부분에 날정을 대고 망치로 내려친다. 날정에 긴 자루를 박아 넣는 경우 기계로 쓰이는 날정과 같이 타일이나 바닥을 벗겨 낼 때 사용한다.

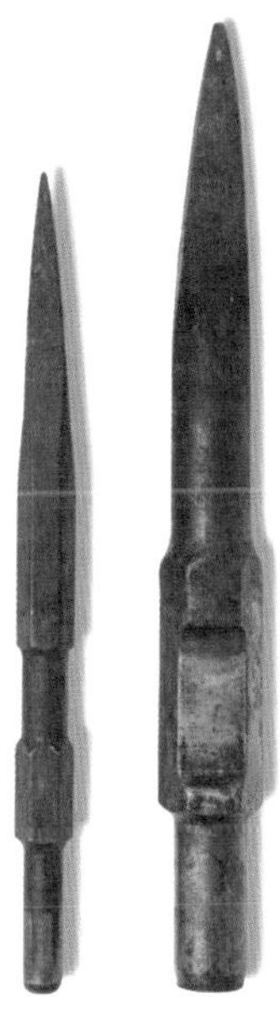

형제대장간의 정(노미)

형제대장간의 날정(멧기리)

경계석 갈고리

경계석을 드는데 쓰이는 도구는 수공구와 기계공구가 있다. 수공구로 쓰이는 경계석 갈고리는 상단이 손잡이고, 하단의 납작한 받침이 걸이다. 이 도구는 두 자루가 한 쌍인데 또 다른 한 쌍의 도구를 든 작업자와 함께 작업한다. 경계석 갈고리를 든 두 명의 작업자가 경계석 양끝에서 경계석 갈고리의 하단을 걸어 적절한 위치에 경계석을 배치한다. 기계공구인 포클레인 경계석 갈고리는 포클레인으로 경계석은 운반할 때 사용하는 도구이다. 경계석을 사람이 모두 운반하는 것은 한계가 있어 포클레인을 사용하여 작업하는 경우가 있다. 그 사용법은 상단 원형 고리에 줄을 묶고, 반대쪽을 포클레인에 묶는다. 그 뒤 포클레인이 경계석 쪽으로 경계석 갈고리를 보내면 작업자가 경계석 갈고리를 펴서 경계석 양끝 단을 맞춘다. 포클레인이 경계석 갈고리를 들면 양끝의 갈고리가 좁아지면서 경계석이 고정되고 이때 원하는 곳으로 내려 놓으면 경계석 갈고리가 넓어지면서 고정이 풀리는 원리다.

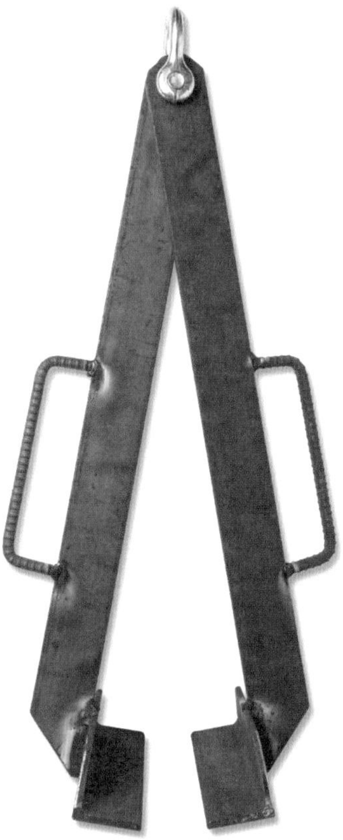

동명대장간의 포클레인 경계석 갈고리

경계석 갈고리 하부

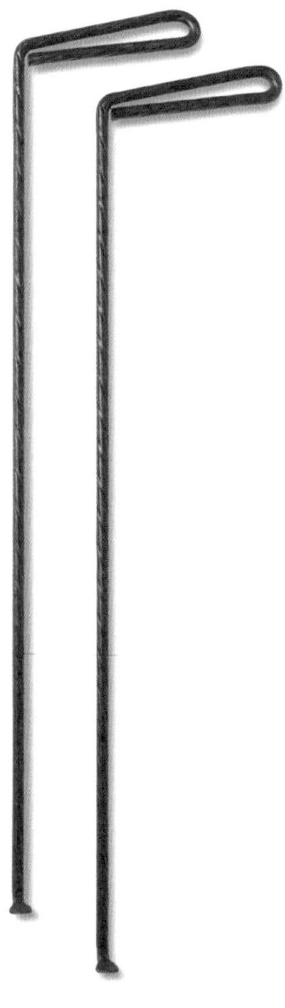

동명대장간의
경계석 갈고리

철사 결속봉
신호

'신호'라 불리는 철사 결속봉은 철사나 철근 등을 조일 때 사용한다. 넓적하고 가운데 구멍이 있는 철사 결속봉은 건설 현장에서 타설 작업 전 철근을 결속할 때 사용한다. 철사 결속봉의 뾰족한 부분으로 철사를 감아 철근의 교차점을 묶고 타설을 하면 철근 콘크리트가 만들어 진다. 반면, 긴 못이 휘어 있는 것처럼 보이는 철사 결속봉은 목수들이 사용하는 연장이다.

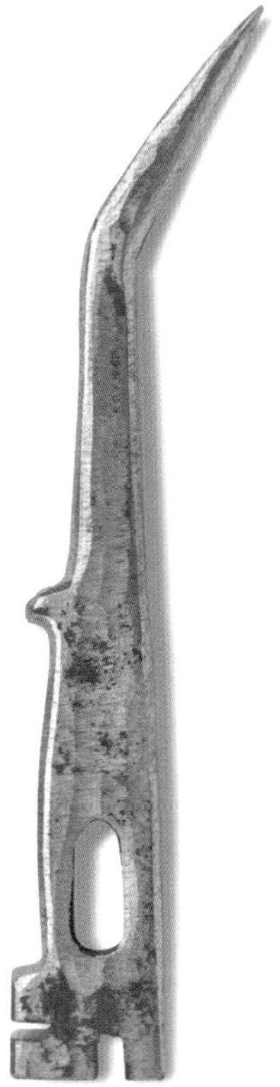

동명대장간의 철사 결속봉(신호)
동그란 홈 왼쪽과 아래의 홈은
파이프가 찌그러졌을 때
펴는 용도로 사용한다.

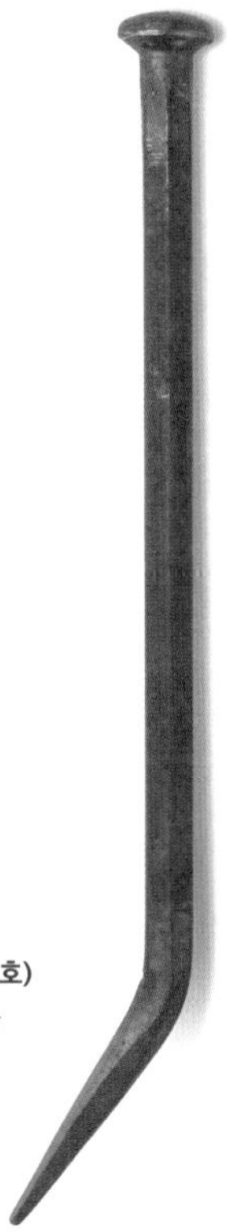

동명대장간의 철사 결속봉(신호)
목수들이 사용하는 도구이다.

핸들
Handle

핸들은 철근을 구조물이나 설계에 맞춰 구부릴 때 사용한다. 고정 틀에 철근을 놓고 철근을 구부리는 도구의 홈에 넣고 당겨서 원하는 각도로 구부려서 사용한다.

동명대장간의 핸들

1-4 한옥 철물

대장간에서는 연장뿐만 아니라 한옥에 쓰이는 부속품을 만들기도 한다. 한옥 철물은 문고리, 대문 장식, 못 등이 있다. 문고리는 전통적인 단접(鍛接) 방식을 사용해 제작하고, 대문 장식은 프레스로 찍어서 모양을 낸다.

태생적으로 목구조의 장단점을 가진 한옥은 장석(裝錫)으로 단점을 보완하고 장점을 극대화한다. 한옥에서 장석은 대부분 문을 고정시키거나 열고 닫는데 쓰인다. 또 목구조의 맞춤과 이음이 약한 부분에 구조적 보강을 해주기도 하고, 박공의 맞댄 면을 붙이기도 한다. 장석은 기능적 측면 외에도 장식적 요소를 더해 준다.

BLACKSMITHS IN SEOUL

형제대장간의 한옥 장식(사슬문고리)

형제대장간의 한옥 장석

✦ 문고리는 나무에 끝 부분을 박은 뒤에 철을 양쪽으로 구부려서 빠지지 않게 만들어요. 문화재에 들어가는 문고리 손잡이 부분은 구부려서 틈을 좁히는 게 아니라 달군 상태에서 쇠를 붙이는데 그 사이에 붕사를 넣고 붙인 다음 붕사를 싹 빼면 붙어요.

류상남(남, 1956년생), 2021. 7. 7. 조사.

✦ 전통철물은 옛날에 쇠가 귀해서 쇠를 통으로 만든다는 점이 특징이에요. 용접도 없이 쇠를 통째로 만드는데 그게 손이 많이 가요. 쇠도 현대 철물이랑 다르게 잘 구부러지는 쇠를 써요. 예전에는 쇠가 품질이 좋지 못했어요. 그래서 쉽게 말하면 철사 같이 잘 구부러지는 쇠로 만들었어요.

류상남(남, 1956년생), 2021. 5. 12. 조사.

✦ 주로 공예과, 조소과 학생들이 많이 오고, 홍대·국민대·한국전통문화대학교 교수들이 많이 와요. 특히 한국전통문화대학교 교수들 중에 장인들이 있는데 그 사람들 쓰는 연장들이 죄다 대장간에서 만드는 것들이라 많이 해주고 있어요.

류상남(남, 1956년생), 2021. 5. 24. 조사.

동광대장간의 와도

1-5 레저 도구

대장간에는 레저 도구를 구입하기 위해 소비자들이 방문하기도 한다. 주로 캠핑이나 산행에 필요한 용품을 주문하거나 구입한다. 취미에 따라 표창, 단도 같은 특수한 연장을 구매하기도 한다. 캠핑족의 경우 배낭이나 허리춤에 소지할 수 있도록 경량화된 연장을 찾는 것이 특징이다. 또 번다함을 막기 위해 도끼와 망치를 혼합한 경량형 도끼망치 등 복합 기능 연장을 선호한다. 등산객은 나뭇가지 등을 쳐내기 위해 정글도, 나대 등을 구매한다. 나대는 과거에 나무를 자르거나 식도로 자르지 못하는 식자재를 자를 때 사용한 도구였는데 요즘에는 레저 목적으로 사용하는 경우가 대부분이다. 레저용 특수 연장은 마니아 계층이 주문하기 때문에 주기적으로 생산하지 않고 주문 제작으로 생산한다.

BLACKSMITHS IN SEOUL

✦ 캠핑하시는 분들이 요청해서 만들어 줬어요. 경량형 수제도끼는 오지 캠핑하시는 분들이 배낭 들고 다니는데 큰 연장이 필요 없어요. 배낭에 소지하기 위해서 작고 가벼워야 하니까 경량형으로 만들었어요. 이렇게 작고 가벼운 연장은 옛날에 별로 안 찾아서 만들지 않았지만 캠핑이 유행하면서 만들고 있어요. 15년 전에 인천 사람한테 제작 요청이 왔어요. 처음에 1~2개 만들어서 이문이 안 생긴다고 거절했는데 원하는 대로 값을 준다고 해서 만들었어요. 그 사람 주문이 손도끼도 되고 망치도 되는 연장이어서 우리집 손도끼와 망치를 결합했어요. 그래서 이 도구는 도끼 부분으로 작은 장작을 패고 뒤에 뭉툭한 부분은 텐트를 고정하기 위해 못을 박을 때 쓰는 망치 역할을 해요.

박상범(남, 1969년생), 2021. 6. 30. 조사.

불광대장간의 경량형 나대
풀이나 잔가지를 치기 용이하다.

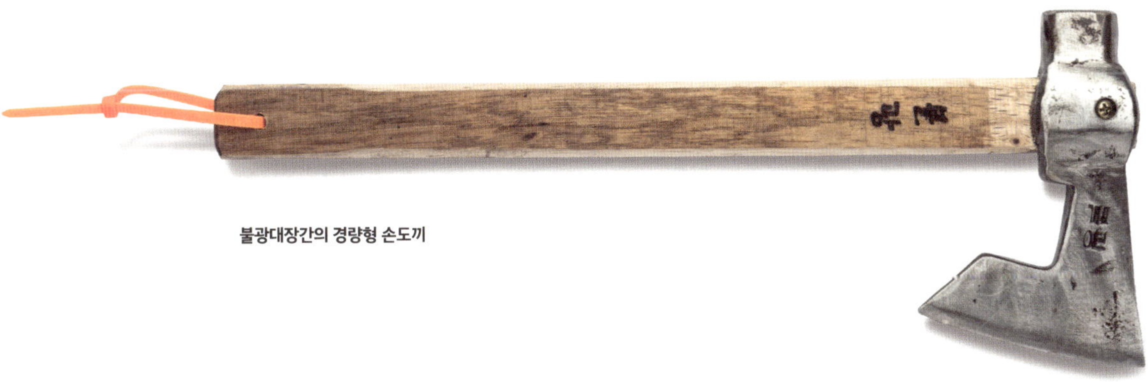

불광대장간의 경량형 손도끼

✦ 정글도, 단도, 대형도끼 같은 품목은 캠핑하는 분들 중에 마니아 분들이 사 가는 품목이에요. 그래서 딱 원하는 취향을 가진 분들만 사 가세요. 특히 단도는 '나이프'라 하는데 산에서 과일을 깎아 드시거나 불 필 때 나무껍질을 벗겨서 불쏘시개를 만들 때 사용해요. 경량형 나대는 나무도 패고, 자르는 도구로 쓰여요. 옛날에는 닭 같은 거 토막 낼 때도 썼어요. 칼로 뼈를 내려치면 칼날이 다 상하는데 나대는 날을 보다 두껍게 만들고, 무게감이 있어서 이런 도구로 닭을 잡았어요. 이제는 닭이 다 손질되어서 나오니까 캠핑용품으로 많이 써요.

박상범(남, 1969년생), 2021. 6. 30. 조사.

✦ 어떤 사람이 한쪽에는 낫이고 한쪽에는 뭐 찌를 수 있는 거 하나 해 달라고 그러더라고요. 멧돼지 같은 거 사냥할 때 창 대신 쓴다고 만들어 갔어요.

류상남(남, 1956년생), 2021. 7. 7. 조사.

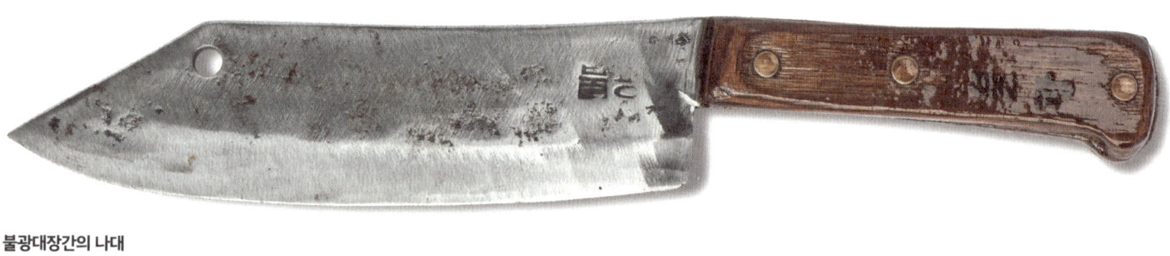

불광대장간의 나대
생선을 치거나, 풀 벨 때, 나무를 자를 때 사용한다.

동명대장간의 단검

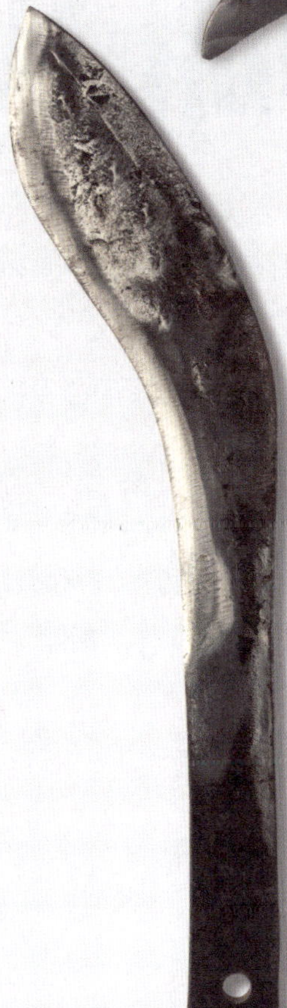

동명대장간의 정글도

형제대장간의 창
사냥용으로 주문 제작되어
낫과 창을 결합하였다.

2 서울의 대장간 판매 방식

대장간에서 생산된 도구는 주문 제작을 기본으로 하기 때문에 일반적으로 손님이 직접 대장간에 방문해 제작을 의뢰하고, 대금을 지불하고 찾아가는 방식으로 거래가 이루어진다. 주문 제작이 아니더라도 대장간 물건은 수제작 과정을 거치기 때문에 기성품과 달리 같은 종류라 하더라도 완전히 똑같은 물건이 없다. 따라서 직접 대장간에서 본인의 쓰임에 맞는 물건을 눈으로 보고, 만져본 뒤 구입하는 것이 가장 좋다. 하지만 온라인 판매가 보편화되고, 2019년부터 시작된 팬데믹(pandemic)으로 소비자들이 대면 거래를 꺼리면서 대장간도 판매 방식을 바꾸고 있다.

대장간 철물의 도·소매

오늘날 서울의 대장간에서는 직접 생산한 철물, 다른 대장간에서 납품받은 철물, 공장에서 만들어진 기성품이 모두 거래되고 있다. 대개 부가가치가 높은 물건을 대장간에서 직접 생산하고, 수요가 적은 농기구나 삽 등의 소모품은 외부에서 공급받는다.

이렇게 마련된 철물은 소매와 도매의 두 가지 방식으로 판매된다. 대개는 손님이 직접 대장간에 방문해 도구를 제작하거나 쓰임에 맞는 것을 골라서 사간다. 하지만 서울의 대장간은 건설 기계 도구를 전문으로 생산한다는 점에서 도매거래도 활발하게 이루어지고 있다. 도매의 경우 정해진 물량을 공급해 안정적으로 수입을 얻을 수 있다는 이점이 있다. 이러한 까닭에 기계식 해머를 사용해 생산의 효율성이 높은 대장간은 건설 기계 도구를 대량으로 주문받아 직접 공급하기도 하고, 영등포·을지로·답십리 등에 근거를 두고 있는 중간 상인을 통해 서울뿐만 아니라 전국에 납품하고 있다. 반면 기계를 사용하지 않고 온전히 수작업으로 생산하는 불광대장간은 다품종 소량 생산 체제를 유지하며 소매 판매를 고수하고 있다.

✦ 도매는 판매 수량이 정해져 있고 수익도 높으니까 선호해요. 저희 대장간은 주로 신호대(철사 결속봉), 작두를 도매하는데, 중간 상인한테 100개~150개 정도 보내면 그 사람들이 지방으로 뿌리는 식이에요. 근데 도매는 점점 줄어들고 있어요. 처음 전농동에 있을 때는 도매가 70%였는데 지금은 많이 줄어서 30% 정도에요. 우리 물건을 제일 많이 납품하는 곳은 '삼화철물'이라고 중간 상인이에요. 이 외에 납품하는 철물점들은 주로 영등포, 을지로, 답십리에 모여 있어요. 그리고 삽같이 우리가 받아서 파는 물건은 주로 동대문구 답십리 황물로에 있는 철물 가게에서 거래해요. 호미 같은 것도 지방에서 납품받은 것, 중국에서 들어온 것, 우리가 만든 것이 다 있어요.

이일웅(남, 1978년생), 2021. 4. 1. 조사.

대장간의 온라인 진출

불광대장간은 2020년 11월부터 쿠팡, 11번가, 인터파크와 같은 온라인 쇼핑몰 오픈 마켓을 통해 판매를 시작하였다. 인터넷 판매는 대행업체에 판매 품목을 의뢰하면 중개 업체에서 대장간에 방문하여 판매할 상품의 콘텐츠를 만들고, 온라인 사이트에 판매 품목을 올려주는 방식으로 진행된다. 소비자가 오픈 마켓에 올라온 물품을 보고 구매를 하면, 불광대장간에서 직접 택배로 물건을 보낸다. 상품을 수령한 소비자가 구매 확정을 하면 중개업체에서 일정 부분의 수수료를 떼고 대금을 대장간에 지급한다. 대개 온라인 판매 상품은 오프라인 상품에 비해 가격 경쟁이 심하고, 임대료 등 중간 마진이 줄어 저렴하다. 하지만 대장간 물건은 직접 판매하던 상품을 온라인에 판매하면서 중개 업체에 수수료가 추가로 발생하기 때문에 인터넷 구매가가 더 비싸다. 또 판매 상품의 종류에 따라 수수료가 부과되기 때문에 대중적으로 판매되는 상품을 선별해 판매하고 있다.

오픈마켓에서 판매하고 있는 불광대장간의 약초지팡이

✦ 인터넷에 판매는 작년 11월~12월부터 쿠팡, 11번가, 인터파크에서 하고 있어요. 이제 비대면으로 가니까 오는 손님들이 자꾸 줄잖아요. 코로나 때문에 그러니까 이제 이런 것도 한 번 해보면 어떨까 해서 시작했어요. 시작한지 얼마 안 되다 보니 인터넷 판매가 총 판매량의 비중에서 크지는 않아요. 인터넷에 품목 모두를 넣을 순 없어요. 품목을 올리는 데도 업

체들한테 비용을 지불해야 해요. 그래서 대부분 사람들이 찾는 물건을 인터넷에 올렸어요. 그 과정은 업체 사람이 사이트에 올릴 제품의 크기, 길이를 측량해요. 그리고 인터넷 판매 사이트에 물품 정보와 가격을 올려요. 소비자는 인터넷에 올라온 물품을 보고 구매해요. 구매하면 중개 업체에서 구매되었다고 저희 쪽으로 알려줘요. 그러면 저희는 택배로 물건을 보내고 그 쪽에서 판매 완료되면 중개 업체에서 수수료를 떼고 돈을 보내와요. 인터넷 구매는 중개 수수료가 발생하기 때문에 매장에 직접 왔을 때보다 인터넷 구매할 때 소비자 가격이 올라가요. 제품이나 업체에 따라 다르겠지만 수수료를 11%~13% 지불하기에 만 원에서 오천 원 정도 너 비싸요.

박상범(남, 1969년생), 2021. 6. 30. 조사.

인터넷과 방문판매를 함께하고 있는 불광대장간이지만 대량 주문은 피하고 있다. 대량 주문은 목돈을 벌 수 있지만 지속적으로 대량의 물건을 납품해야하기 때문에 소품종 대량생산의 체제가 되어버린다. 이렇게 몇 가지 물품만 대량으로 생산하게 되면 다양한 종류를 파는 대장간이 경쟁력을 잃는다고 불광대장간 부자는 생각한다. 그런 이유로 불광대장간은 현재 인터넷과 방문판매에 집중하고 있다.

✦ 다른 곳은 대량으로 만들어서 팔아내지만 우리는 그렇게 못해요. 우리는 우리가 팔 수 있는 정도만큼 만들어서 팔고 있어요. 물건을 대량으로 맡으면 그 일 때문에 다른 일을 하지 못하니까 우리 식대로 만들어서 팔고 있어요.

박상범(남, 1969년생), 2021. 6. 17. 조사.

동광대장간은 자체 홈페이지를 제작해 운영하고 있다. 홈페이지에서 직접적인 온라인 판매를 하고 있진 않지만, 제품소개 메뉴를 통해 대장간에서 제작하는 목공구, 건축공구, 농기구, 석공구, 한옥 철물을 소개하고 있다. 또 온라인 문의 게시판으로 대장간을 직접 찾지 않아도 온라인으로 제작 문의가 가능한 창구 역할을 하고 있다. 이러한 노력은 전통 제조업인 대장간이 현대 사회의 흐름에 발맞춰 대중에게 보다 더 쉽게 다가가고 소통할 수 있는 변화의 한 과정이라 할 수 있다.

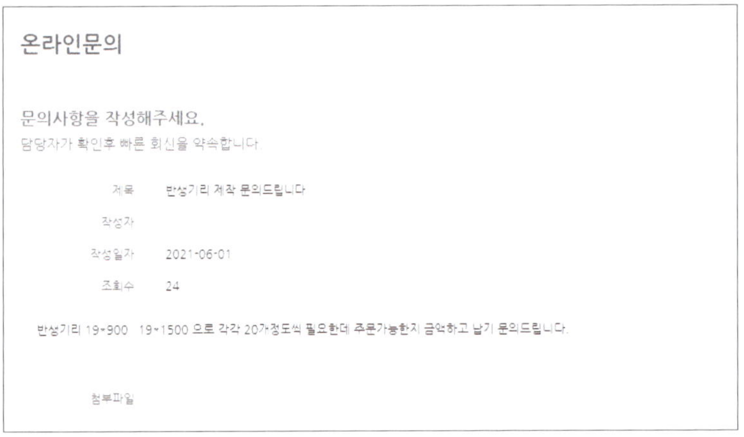

동광대장간 홈페이지에 게시된 온라인 문의

동광대장간 홈페이지 제품 소개

대장간에서 만들지 않는 톱, 숫돌 같은 품목은 업체에서 납품 받아서 판매한다. 또한 기성품인 공장제 연장이나 철물도 저렴한 상품을 찾는 손님들을 위해 구비해 놓는다. 반면 지방에 있는 대장간이나 철물점에서는 서울의 대장간에서 제작한 연장을 떼다가 판매하기도 한다.

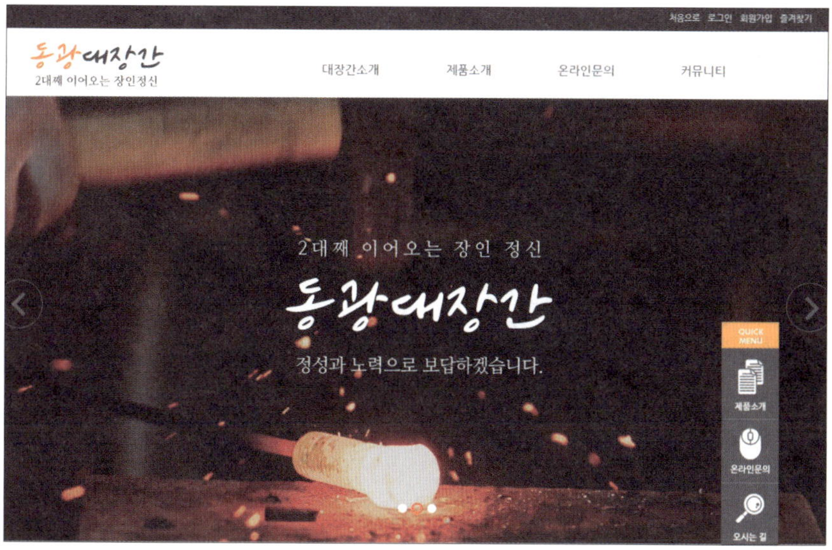

동광대장간 홈페이지

동광대장간 홈페이지 첫 화면에 "2대째 이어오는 장인정신"이란 문구가 적혀있다.

안녕하십니까.

동광대장간을 방문해주신 여러분을 환영합니다.

1975년 개업하여 2대째 계속 운영되고 있는 동광대장간.

오래전부터 많은 연장을 만들어 오신 아버지와 함께 2대가 오직 장인정신 하나로 운영되고 있습니다.

모든 제품은 자체제작으로 이루어지며 정성과 노력을 다해 만드는 동광대장간이 되겠습니다.

필요하신 제품이나 공구가 있으시면 언제든지 연락 주십시오.

동광대장간 홈페이지(http://www.동광대장간.com) 이일웅 대표 인사말

✦ 여기서 만든 것 가지고 안 된 것들을 납품 받아요. 주로 톱, 숫돌, 삽 같은 것은 우리가 만들지 않으니까 납품 받고, 우리가 만들지 않더라도 손님이 원하면 철물점에서 받아와서 팔아요. 우리는 시골에 있는 철물점이랑 거래해서 그곳에서 필요한 물건을 납품 받아요.

박상범(남, 1969년생), 2021. 6. 17. 조사.

3 도시 제조업으로서 서울의 대장간 특징

과거 농업을 기반으로 한 사회에서 대장간은 지금의 편의점과 같이 친숙하고, 꼭 필요한 곳이었다. 대장간에서는 농사에 필요한 연장을 모두 만들어냈기에 생활과 밀접한 관계를 맺고 있었다. 하지만 산업화한 현대 서울에서 대장간은 낯선 공간이다. 기성세대는 생활 속에서 대장간을 경험하고 기억하고 있다. 반면 젊은 세대에게 대장간은 박물관이나 민속촌에 박제된 공간일 뿐이다. 현대인이 사용하는 물건 대다수가 기계화된 공장에서 생산·공급된다. 대장간에서 하나씩 손으로 두드려 만들던 철물은 저가의 기성품이 보급되면서 쉽게 사고, 버리는 소모품으로 전락하였다.

그럼에도 불구하고 첨단 거대 도시 서울에는 아직도 대장간이 남아있다. 동네마다 몇 개씩 대장간이 있던 시절에 비하면 거의 다 사라졌다고 해도 과언이 아니지만, 지금 이 순간에도 뜨거운 화로 앞에서 쇠를 두드리는 대장장이들이 서울 곳곳에서 비지땀을 흘리고 있다.

공간 ✦ 도심 속 전통 제조업의 설자리

민원 최소화를 위한 철도, 대로와 인접한 입지 선정

대장간은 대부분 규모는 작지만, 각종 도구를 생산하는 제조업에 해당한다. 특히 쇠를 재료로 두들겨 모양을 만들어 내는 작업이 기본이 되기에 소음이 굉장하다. 단조하기 좋게 화덕에서 탄을 태워 쇠를 가열하고, 가공하는 과정에서 연기와 먼지를 필연적으로 발생시킨다. 이러한 대장간의 특성은 쾌적한 주거환경을 저해하는 직접적 요인으로 작용한다. 그중에서도 소음공해는 대장간이 주거지에서 상생할 수 없는 가장 큰 이유로 작용한다. 때문에 서울미래유산으로 지정된 대장간 4곳 가운데 2곳은 철도와 대로 사이에 위치해 주민들의 민원 발생을 최소화하고 있다.

전농동 동광대장간은 회기역과 청량리역 중간 지점으로 철도 이용 밀집구역을 벗어나 비교적 한산한 곳에 위치한다. 대장간 전면에 왕복 6차선 도로인 왕산로가 지나고 있어 차량 접근이 매우 용이하다. 동광대장간이 위치한 왕산로 동편은 주변에 자동차 공업사, 공조 설비 업체 등 제조업 기반 시설이 인접하고, 후면에 경춘선이 지나 근거리에 주택이 없다. 반면 대장간 건너편인 왕산로 서편에는 주택과 학교 등이 모여 있다. 때문에 동광대장간 입장에서는 대로를 경계로 주택 밀집 지역과 물리적·심리적 거리를 유지할 수 있는 이점을 가지고 있다. 게다가 이 지역은 이미 경춘선 철도 통행으로 인한 소음 발생이 용인되어 있다. 이러한 입지적 특성으로 동광대장간은 기계식 해머 2대, 프레스기 2대 등 조사대상 대장간 중 가장 다양하고 많은 기계 설비를 보유하고 있음에도 소음에 대한 부담 없이 대장간을 운영하였다.

✦ 당시에는 여기도 건물이 별로 없어서 대장간 들어오는데 문제가 없었어요. 근데 시간이 지나니까 건물이 들어오고 땅값도 올라서 저희뿐만 아니라 뒤에 있던 대장간, 공장도 전부 (땅)사서 (서울 밖으로) 나갔어요. 지금 자리가 기찻길이 가깝다 보니 주택이 없어서 대장간을 운영하기 괜찮았어요. 그래서 고무 성형하는 공장도 있었고 옆에는 정비 공장, 또 프레스 하는 공장도 있었어요.

이일웅(남, 1978년생), 2021. 3. 4. 조사.

전농동 동광대장간 일대 항공사진(2015)
출처: 서울시 항공사진 서비스

전농동 동광대장간 위치도(2021년 3월)

하지만 신축 개발로 동광대장간은 2021년 3월 동대문구 전농동을 떠났다. 오랫동안 일대에서 대장간을 운영하였기에 근거리에 다시 대장간 자리를 찾았지만 마땅한 곳이 없었다. 간혹 괜찮은 곳은 주변 민원을 의식해 세를 얻기 어려웠다. 결국 동광대장간은 서울을 포기하고 경기도 남양주시에 부지를 직접 매입해 대장간을 지었다. 2021년 10월 동광대장간은 남양주시 퇴계원읍 퇴계원리에 새로 터를 잡았다. 서울을 벗어났지만 이전한 대장간도 경춘선과 세종포천고속도로, 수도권 제1순환고속도로, 경춘북로가 교차하는 외딴 지역에 위치하고 있다.

✦ 저희가 별내로 가는 건 (서울에) 대장간 할 자리가 없어서에요. 구리, 남양주에도 없어서 땅을 사서 지어서 가는 거예요. 민원이 들어오더라도 세 들어가는 것보다 사서 들어가면 부담이 덜하니까요.
대장간을 운영하려면 단층 건물이어야 하고, 시끄러우니까 옆에 식당, 주택가 같은 게 있으면 안 돼요.
저도 내심 이곳에서 아버지부터 장사를 해왔으니까 계속하고 싶은데 방법이 없더라고요. 작년에 가게 빼야한다 그래서 내심 도와줬으면 하는 마음에 미래유산에 전화했어요. 말만 미래유산이고 어떻게 도와줄 방법이 없냐 하니 거기서 아직까지 그런 건 없다 그러더라고요.

이일웅(남, 1978년생), 2021. 2. 25. 조사.

남양주 동광대장간 위치도(2021년 10월)

형제대장간은 전면에 왕복 6차선의 수색로가 지나고, 후면에는 경의선 수색역이 위치하고 있다. 대장간 옆으로 도관(덕트, duct), 건축설비 업체가 위치해 있어 공업 및 제조업 영역을 형성하고 있다. 대로변에 위치한데다가 바로 옆에 공영주차장이 맞붙어 있어 차량 진입이 매우 편리하다. 도로변에 잠시 차를 세운 후 손님이 굳이 차에 내리지 않고 물건을 주문하거나 찾아갈 수 있다. 수색역 출입구가 대장간 바로 뒤에 연결되어 보행자 통행도 잦은 편이다. 한편 형제대장간 맞은편인 수색로 건너에는 도로변에 상가가 형성되어 있고, 뒤로는 노후 주택지가 있었다. 하지만 최근 재개발이 진행돼 대단위 아파트가 촌을 이루고 있다. 하지만 수색로의 도로 폭이 매우 넓어 주거지와의 일정한 거리가 확보되고, 철도 시설에서 발생하는 소음이 대장간의 불리한 조건을 상쇄시켜 주기 때문에 특별한 문제가 되지 않는다.

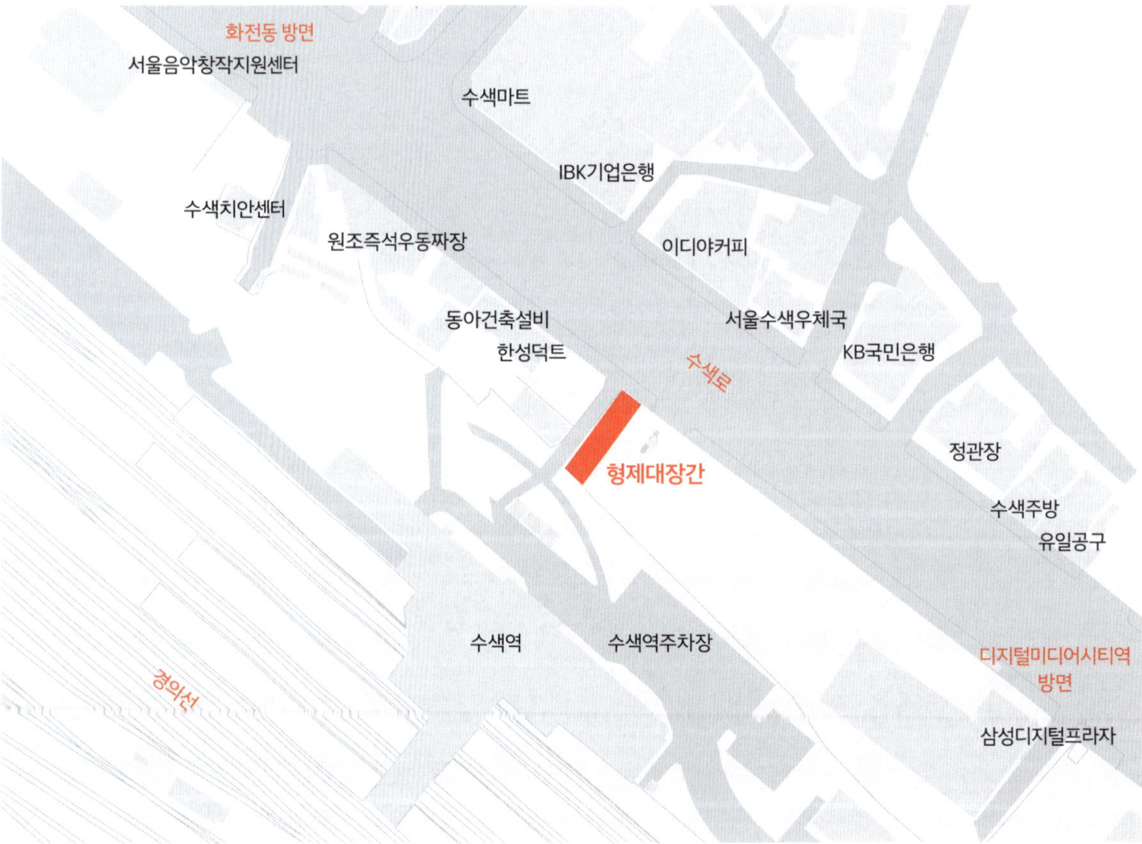

형제대장간 위치도(2021)

형제대장간 일대 항공사진(2018) | 출처: 서울시 항공사진 서비스

형제대장간 공간은 일부 철도청 부지를 점유하고 있다. 철도청이 2007년부터 수색역 역세권 사업을 추진하면서 철도 부지를 개발할 계획이었기 때문에 한때 대장간을 비워줘야 할 형편에 처하기도 하였다. 다행히 전통 대장간을 유지하기 위한 은평구, 문화재청 등의 협조로 형제대장간은 퇴거하지 않고 현재까지 자리를 지키고 있다. 하지만 수색역 일대 개발이 점차 가속화되면 이전 문제는 언제든 다시 수면 위로 떠오를 수 있다. 2009년 형제대장간은 다른 곳에 대장간을 마련하려고 했지만 쉽지 않았다. 메질 소리로 인한 소음 때문에 터를 내주는 곳이 없었기 때문이다.

✦ 원래 여기는 카센터 자리고 옆에는 연탄공장이고 하니 집도 없었고, 가게도 허름하니 싸고 그래서 여기에 대장간을 차렸죠. 물론 장사하기 좋은 곳에 놓으면 좋지만 소음 때문에 기계도 쓰기도 불편해서 어쩔 수 없어요.
여기는 지금 철도 부지랑 시유지에요. 대장간 주변에 담벼락을 설치했는데 그것 때문에 몇 년 동안은 나가라 말을 안 할 거예요. 그전에 국회의원이니 시의원이니 기자들이 이곳에 자리 잡게 해주려고 노력했는데 그때뿐이에요.

류상남(남, 1956년생), 2021. 2. 19. 조사.

주거환경 보호와 대장간의 외줄타기

불광대장간은 서울미래유산으로 지정된 대장간 중 유일하게 주택가에 자리하고 있다. 바로 앞에 서울 대은초등학교가 있고, 주변에 다세대·다가구 주택이 밀집해 있다. 물론 불광대장간이 처음 대조동에 자리를 잡은 1970년대에는 주변에 주택이 이렇게 많지 않았다. 하지만 도시가 점차 개발되면서 현재는 주택들 사이에 대장간이 섬처럼 놓이게 되었다. 이러한 입지적 특성으로 불광대장간은 현재까지도 기계식 해머를 사용하지 않고, 오직 손으로만 작업을 하고 있다. 대장간 면적이 협소할 뿐만 아니라 기계식 해머를 사용하면 기본적으로 발생하는 소음을 감당할 수 없기 때문이다. 수작업으로만 철물을 생산하고 있지만, 이마저도 주민들의 생활환경을 고려해 작업시간을 최소한으로 운영하고 있다.

불광대장간 일대 항공사진(2009)

출처: 서울시 항공사진 서비스

불광대장간 위치도(2021)

✦ 구청에서 나와서 기계는 안 되지만 손으로 만드는 것은 괜찮다고 해서 기계는 못들이고 있어요. 손으로 메질해서 물건을 만들고 있어요. 지금 대장간 앞에 있는 길은 나중에 만든 거고 뒤에 길이 본 길이었어요. 앞길은 전부 딸기 밭이었어요. 그래서 비가 오면 물이 많이 차서 장화를 신어야 다닐 수 있었어요. 건물도 지금처럼 많지 않았고, 터미널 근처만 집이 두 채 정도 있었고 전부 논이었어요. 당시 우리는 칼 같이 돈을 조금이라도 더 받는 것을 주로 팔았고, 구파발에 차 씨 대장간은 농기구를 잘 만들어서 낫도 많이 만들고 그랬어요.

박경원(남, 1938년생), 2021. 2. 24. 조사.

✦ 지금 우리 대장간 뒤가 전부 집이잖아요. 그래서 작업 여건이 좋지 못해요. 제가 막 일을 시작할 때는 단층이었고, 1980년대 후반부터 건물이 막 올라가서 1990년대에는 건물이 높아지고 빽빽해 졌어요. 그래서 대장간 주변이 단층 건물일 때는 소리가 옆으로는 덜 퍼져서 괜찮았는데 소리가 위로 올라가면 더 크게 들려요. 그래서 작업하기 힘들어졌죠. 원래 우리가 아침에 7시에는 작업을 시작을 해야 되는데 사람들은 자는데 우리 좋다고 쇠 두드리면 그렇잖아요. 그래서 우리가 그런 거 싫어서 9시면 다 학교 가고, 출근했을 테니까 9시부터 작업을 하고 있어요. 공간만 마련된다면 밤에 작업해도 되니까 그런 자유를 한번 느껴보고 싶어요. 동광대장간이 남양주로 나가는 거 보고 많은 생각을 했어요. 근데 서울에는 아예 공간이 없고, 경기도 땅은 (사려면) 500평~800평 가까이 되니까 돈이 장난이 아니에요.

박상범(남, 1969년생), 2021. 9. 3. 조사.

생산품 ✦

도시 건설,
도시인의 생활에 필요한
철물 맞춤 생산기지

급격한 도시화와 건설 기계 도구 특화 생산

주문 제작으로 손에 맞고, 내구성이 강한 대장간 연장은 현장 근로자들에게 각광을 받고 있다. 서울의 대장간에서 생산한 건설 기계 도구는 전국의 건설 현장으로 납품되고 있다. 지방에서 주문한 연장은 현장 일정에 맞춰서 대개 택배나 퀵서비스로 보내지만, 양이 많거나 시일이 촉박한 경우 직접 화물차를 가지고 대장간에서 가져가기도 한다.

형제대장간은 2009년 북한 개성공단 건설에 필요한 도구를 2000여 개나 주문받아 납품하기도 하였다. 동명대장간의 인기 상품은 정이다. 포클레인에 장착해 콘크리트나 돌을 깨는 대형 정부터 작은 정까지 주문이 끊이지 않는다. 큰 공사를 맡은 곳에서 한번에 300~400개씩 대량 주문을 할 때도 적지 않다.

✦ 옛날에 6·25전쟁 나고 다시 집 지어야 하니까 대장간에서 물건을 하면 전국에서 다 사 가는 거예요. 을지로7가의 대장간이 크다 보니 주문이 많이 들어왔어요. 을지로에 6·25전쟁이 끝나고 대장간이 많이 생겼는데 쇠스랑으로 땅 파고 농사지으니까 수도 없이 사갔어요. 만들기가 무섭게 차로 와서 사갔어요. 을지로7가가 제일 크니까 전국에서 왔어요. 언제는 삼청교육대에서 땅 파는 화전 괭이를 3000개 만들어 달라고 해서 을지로에 있었던 대장간들이 서로 만들어 팔았던 적도 있어요.

난 서울에서 공구를 만들었어요. 도시 사람은 대패, 끌, 망치,

겐노(석공망치) 그런 쪽 공구를 만드는 데 시골은 농기구라서 쇠스랑, 낫, 호미 그런 것을 잘 만들어요.

박경원(남, 1938년생), 2021. 2. 24. 조사.

✦ 주로 현장에서 쓰는 연장들이 많이 나가요. 땅 팔 때 쓰는 노미(정)도 많이 나가고 조경하는 사람들이 산에서 흙 무너지지 말라고 침목 쌓고 나서 박는 말뚝도 많이 팔렸어요. 노미, 다가네(정), 빠루(배척), 개코 망치, 도끼 그런 것 많이 만들죠. 이런 연장은 주문 들어오면 지방에 우리가 다 만들어서 보내줘요.

이일웅(남, 1978년생), 2021. 4. 1. 조사.

✦ 제일 꾸준히 찾는 단골손님은 석공하시는 분들과 건설 인부들이죠. 석공 연장으로 만들어지는 물건이 1년에 100개라고 한다면 우리가 70개를 만들어요. 전국을 누비며 일하는 분들이어서 전국 곳곳에 있는 건설 인부들 사이에서 소문이 났어요. 해남·제주·안동·의정부·익산 등 직접 써본 사람들의 입소문을 타고 유명해졌죠.

한경비지니스, 「60년 이어온 불과의 동행…대장간 인기상품은 캠핑용 손도끼」, 2018년 9월 18일자.

도시인의 생활에 필요한 제품 개발과 도구 개량

대장간은 농기구를 생산하는 곳이라 생각하기 쉽지만, 서울의 대장간에서는 다양한 제품이 새롭게 생겨나고 개량되고 있다. 대장장이는 쇠로 만들 수 있는 건 무엇이든 만들 수 있다. 연탄집게와 같은 생활용품은 물론이고, 기성품이 될 수 없는 여러 직군의 특수한 연장을 맞춤으로 서울의 대장간에서 생산한다. 대장장이는 고객이 어떤 용도로 사용할 것인지를 설계도, 사진 등으로 확인해 그에 가장 적합한 물건을 만들어낸다.

✦ 손님들이 어떻게 쓸 건지 아는 것이 중요해요. 그리고 수요가 있어야지 새로운 물건이 만들어지지 그냥 아무 이유 없이 고안해 내는 물건은 없어요. 주로 새 제품이 들어올 때는 손님이 설계도를 만들어 와요. 그럼 그걸 보고 만든 뒤 그 이후에 손님 요구에 따라 물건을 맞춰요.

류상남(남, 1956년생), 2021. 6. 30. 조사.

서울의 대장간은 도시인들의 생활환경과 소비문화 변화에 능동적으로 반응해 새로운 도구를 만들어 내거나 개량함으로써 시대적 요구에 부응하고 있다. 1980년대 후반부터 한국 사회는 노동중심의 사고에서 벗어나 개인의 욕구에 의한 소비패턴으로 전환되었다. 여기에 정보화 기술의 발달이 더해져 캠핑, 주말농장, 등산 등의 여가활동이 급격하게 확산되었다. 서울의 대장간에서는 기존에 제작하던 연장을 여가생활에 적합하도록 보다 작고, 가볍게 만들어 휴대성을 높였다. 또 두 가지 이상의 연장을 조합해 복합기능을 가진 연장을 새롭게 만들어내 편리성을 극대화하였다.

최근에는 캠핑 인구가 늘면서 손도끼나 망치, 장도리 같은 캠핑용 장비를 대장간에서 찾는 사람들이 많아졌다. 이러한 경향은 텃밭을 가꾸거나 산행하며 약초를 채취하는 취미를 가진 사람들에게도 나타난다. 생업활동으로써 농업에 종사할 때 사용하던 농기구를 도시농업에 맞게 개량하고, 등산에 취미가 있는 손님들과 소통하며 전에 없던 새로운 도구가 만들어 지고 있다. 그밖에 실내 장식 용품, 방송 소품, 문화재 관련 철물도 서울의 대장간에서 제작한다.

✦ 우리 손님들은 문화재 복원하는 사람들이 엄청 많았어요. 경복궁, 화성 행궁. 거기 아니라도 우리도 처음 보는 철물을 가지고 와요. 그럼 그거 보고 그냥 똑같이 만드는 거예요. 그걸 만드는데 화성 행궁이나 이런 데는 요즘 식으로 하는 게 아니라 옛날식으로 만드는 거죠. 구리 대장간마을에서 발굴된 것도 여기서 다 만들었죠. 강화 산성에서 고려 때인가 발굴된 것도 여기서 만들어서 가져갔어요. 화포 제작 같은 것도 다 했죠. 그러니까 별거 다 해요. 생전 처음 보는 거 이런 것도 많아요.

류상남(남, 1956년생), 2021. 5. 12. 조사.

고유성 ✦ 대장간의 이름을 걸고

장인 브랜드로서 서울의 대장간

서울미래유산으로 지정된 대장간은 모두 직접 생산한 제품에 대장간 이름을 새겨 넣어 판매하고 있다. 나무 자루에 불도장으로 이름을 새기거나, 쇠 부분에 이름을 찍어내는 두 가지 방식을 혼용하고 있다. 과거 대장간에서는 물건에 별도로 대장간 이름을 표시하지 않았다. 대장간 생산 물품은 어느 것 하나 같은 게 없지만, 대장장이들은 특별한 표식이 없어도 자신이 만든 물건은 한눈에 알아볼 수 있었기 때문이다.

✦ 불광대장간 마크는 처음에 빗금 세 개로 했어요. 근데 도구가 작으면 마크를 새기기 힘들어서 '불광' 글자를 새기고 있어요. 쓰시는 분들도 마크에 만족하시고 저희도 그 마크 보고 손님들이 찾아오기도 하니까 좋아요.

박상범(남, 1969년생), 2021. 6. 2. 조사.

초기 불광대장간 생산품 표시
초기에는 빗금 세 개를 넣어 제작처를 표시하였다.

하지만 현대에 들어 대장간이 희소해지고 일부는 무형문화재로 지정되면서 대장장이에게 '장인'이라는 이미지가 부각되었다. 소비자들은 일반인들이 보기에 저가의 기성품과 외관상 구분이 쉽지 않은 대장간 철물에 표식이 있길 원하였다. 구입한 도구가 장인이 직접 망치로 두드려 만든 특별한 물건임을 시각적으로 나타내 가치를 부여받고자 한 것이다.

✦ 옛날에는 마크를 안 찍었는데 손님들이 안 찍는다고 뭐라고 하더라고요. 우리는 칼에 마크를 안 찍어도 우리 칼

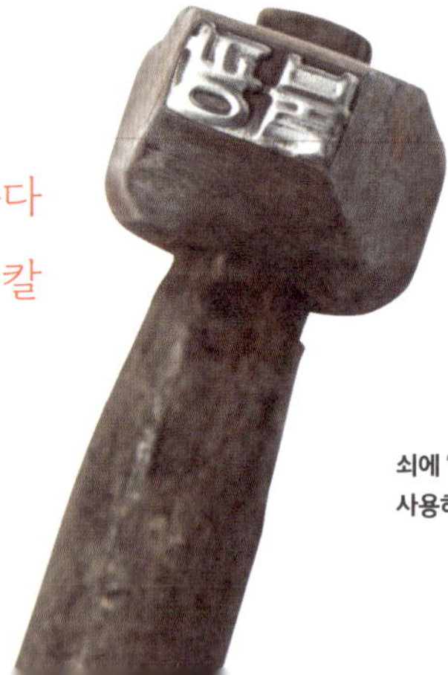

쇠에 '불광' 마크를 찍을 때 사용하는 망치

'불광' 마크가 새겨진 연장

인지 아닌지 한눈에 아는데 손님들이 우리가 알면 소용이 있냐고 손님들이 해 갔다는 걸 알아야 되니까 찍어달라고 하는 사람들이 많았어요. 그래서 지금은 우리가 만든 제품에 다 찍어나가고 있어요.

류상남(남, 1956년생), 2021. 7. 7. 조사.

한편 대장간 자체적으로도 공장제, 수입산 철물의 싼 가격에 대응할만한 자구책이 필요하였다. 일부 대장간은 적극적으로 생산품에 대장간 이름을 새겨 넣어 상표로 사용하였다. 뿐만 아니라 온·오프라인 공간에 가게 전승과 수작업 등을 강조하며 장인 브랜드로서 대장간의 이미지를 만들어 나가고 있다.

✦ 예전에는 쇠에 불광 마크를 박았는데 마크도 닳고, 박을 때 완성품의 모양이 틀어지는 일도 있어요. 그리고 쇠에 마크를 박으면 잘 안보이니까 자루에다가 불광 마크를 새겼어요. 그러니 눈에도 잘 들어오고 쇠에도 손상이 없어서 현재는 마크를 자루에 세기고 있어요.

박상범(남, 1969년생), 2021. 6. 30. 조사.

온라인 쇼핑몰의 불광대장간 상품 설명

'형제'가 새겨진 형제대장간의 칼

전통기술의 지식재산권 획득

대장간의 전통기술은 도제식 교육을 통해 몸으로 체득된다. 대장장이는 오랜 수련을 통해 선배 또는 스승의 기술을 보고, 들으며 기술을 익힌다. 또한 손님의 요구와 시대적 흐름에 따라 끊임없이 새로운 도구를 만들어내는 창작과정을 거친다. 대장장이는 주변의 다른 대장간을 견학하는 등의 노력으로 끊임없이 새로운 기술을 발전시켜 나간다. 그리고 그 과정에서 서로 기술을 공유하고 새로운 물건이 대중화되기도 한다.

✦ 대장장이 일은 공부처럼 많이 보고 배워야 해요. 내가 잘 한다고 남의 집을 얕보면 절대 안 돼요. 내가 잘해도 못하는 것들이 있어요. 그럼 다른 대장간에 다니며 보고 '저거 잘하는 구나' 해야 돼요. 다른 대장간이 잘하는 게 있으면 인정하고 서로 간에 이야기 하면서 교류를 해야 해요. 그 사람들이 잘하기 때문에 가서 배우고 술 한잔하면서 이야기하고 정보를 공유해야 해요. 그래서 그 집이 잘하면 서로 기술 교환하면서 잘 만드는 물건은 100개 정도 받아 와서 우리 집에서 팔고 그러는 거지 사람이 1000가지 다 잘할 수 없어요.

박경원(남, 1938년생), 2021. 2. 24. 조사.

한편 전통기술의 영역에 있는 대장간도 지식재산권을 통해 다른 대장간과 차별화되는 독창성을 인정받기도 한다. 동광대장간은 2002년 '신호'라고 불리는 철사 결속봉의 디자인출원을 하였다. 같은 해 상표등록을 통해 쇠망치, 스패너, 지렛대, 집게, 절단기, 작두, 빠루(배척), 신호(철사 결속봉), 구두 제조용 구두형(型), 곡괭이를 지정하기도 하였다.

철사 결속봉

도면일괄보기

[M01] 

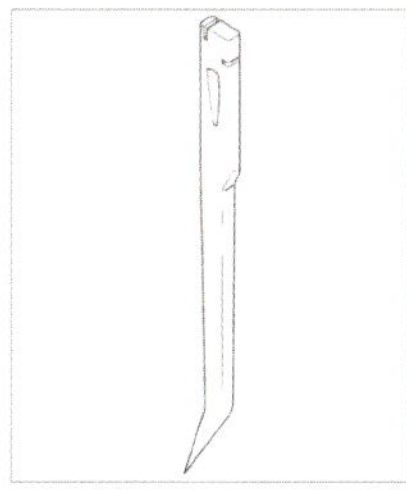

(21) 출원번호(일자)	3020020008665(2002.03.26)
(71) 출원인	이흔집
(11) 공고번호(일자)	(2003.04.16)
(65) 공개번호(일자)	3020020000590(2002.04.09)
(11) 등록번호(일자)	3003220100000(2003.04.01)
(30) 우선권주장번호(일자)	
법적상태	소멸(존속기간만료)
심사진행상태(일자)	등록결정(일반)(2003.03.31)
소급구분(일자)	(2002.03.26)
심판사항	
원출원번호/일자	
관련출원번호	
디자인이전희망	
디자인구분	기본디자인 단독디자인 공개디자인
(52) 한국분류	K1200
(51) 국제분류	08-05
형태분류	

DOI DOI 복사
QR QR 다운로드

동광대장간의 철사 결속봉 디자인출원 내역

(19)대한민국특허청(KR)
(12) 상표공보

(511) 분류 제08(8판)류

(260) 공고번호 상2003-0033872
(442) 공고일자 2003년07월02일

(210) 출원번호	40-2002-0012422
(220) 출원일자	2002년03월16일
(731) 출원인	이흔집 서울특별시 동대문구 전농2동
(740) 대리인	김광술

담당심사관 천용태

(500) 지정상품/서비스업/업무

제 08 류

쇠망치, 스패너, 지렛대, 집게, 절단기, 작두, 빠루, 신호(철사결속봉), 구두제조용 구두형(쩸), 곡괭이,

상표견본

東光

동광대장간 상표등록 내역

서울의 대장간

PART 05

2021년 서울의 대장간 사진 기록

동명대장간 강영기

동명대장간 사진 기록

동명대장간 연마작업 공간
강영기가 쇠를 연마하고 있다.

동명대장간의 화덕에 탄 넣는 모습

동명대장간 강영기, 강단호 부자

동명대장간 강영기의 단조 작업

동명대장간 강단호의 단조 작업

불광대장간 사진 기록

불광대장간 부자의 협업
아버지 박경원이 집게를 잡고, 아들 박상범이 메질을 하고 있다.

불광대장간 내부

불광대장간의 박경원, 박상범 부자

불광대장간의 화덕과 주변 모습

불광대장간 박경원

불광대장간의 박경원이 집게를 잡고 창을 만들고 있다.

형제대장간 사진 기록

형제대장간 류상준, 류상남 형제

형제대장간 류상준의 기계 단조 작업
류상준이 오른 발로 페달을 밟아 기계식 해머를 작동하고 있다.

형제대장간 류상남과 직원들
낫을 벼리고 있는 류상남 뒤에 박한조과 이동현이 작업하고 있다.

형제대장간의 날정 제작

형제대장간 류상남

형제대장간 뒤에 위치한 창고에서 연장을 챙겨 나오는 모습이다.
벽면에 그동안 작업했던 여러 가지 철물들이 걸려 있다.

동광대장간 사진 기록

동광대장간(전농동) 이일웅의 기계 단조 작업

끼임 주의
U.A.S.A.F.

동광대장간(전농동)의 이일웅

동광대장간(전농동)의 주 작업 공간 기계식 해머 앞에 자리한 이일웅을 중심으로 프레스, 화덕, 모루가 배치되어 있다.

동광대장간(남양주)의 연마 작업

동광대장간(전농동) 연마 작업 공간
동광대장간의 작업자가 공정을 마친 연장을
정리하고 있다.

서울의 대장간

BLACKSMITHS IN SEOUL

발행일	2021년 12월 20일
발행처	서울역사박물관 서울특별시 종로구 새문안로55 02-724-0274 museum.seoul.go.kr
디자인	정양순, 유준상
제작	㈜비피앤피
간행물등록번호	51-6110569-000314-01
ISBN	979-11-90480-47-5